# Inhalt

«Hope is the thing with feathers…»
*Emily Dickinson*

## Aus Allens Notizbüchern

*Das Folgende sind Auszüge aus Woody Allens bisher geheimem persönlichem Tagebuch, das posthum oder nach seinem Tode veröffentlicht werden soll, je nachdem, was eher eintritt.*

Die Nacht hinter mich zu bringen, wird immer schwieriger. Gestern abend hatte ich das beunruhigende Gefühl, ein paar Männer versuchten, in mein Zimmer einzubrechen, um mich zu shampoonieren. Warum nur? Immerzu bildete ich mir ein, ich sähe Schattengestalten, und um drei Uhr morgens ähnelte meine Unterwäsche, die ich über einen Stuhl gehängt hatte, dem Kaiser auf Rollschuhen. Als ich endlich einschlief, hatte ich wieder denselben gräßlichen Alptraum, in dem bei einer Tombola ein Murmeltier mir meinen Preis streitig zu machen versucht. Verzweiflung.

Ich glaube, meine Schwindsucht ist schlimmer geworden. Mein Asthma auch. Das Keuchen kommt und geht, und mir wird immer öfter schwindelig. Ich habe jetzt auch heftige Würgeanfälle und Schwächegefühle. Mein Zimmer ist feucht, und dauernd habe ich Schüttelfrost und Herzklopfen. Ich habe auch festgestellt, daß ich keine Servietten mehr habe. Will es denn niemals enden?

Idee für eine Geschichte: Ein Mann wacht auf und entdeckt, daß sein Papagei zum Landwirtschaftsminister ernannt worden ist. Er vergeht vor Eifersucht und erschießt sich, aber unglücklicherweise ist die Pistole so eine, wo eine kleine Fahne mit dem Wort «Peng» rausgeflutscht kommt. Die Fahne piekt ihm ein Auge aus, und er bleibt am Leben – ein geläuterter Mensch, der zum erstenmal die einfachen Freuden des Lebens genießt, wie den Acker zu pflügen und auf einem Luftschlauch zu sitzen.

Überlegung: Warum tötet der Mensch? Er tötet, um zu essen. Und nicht bloß, um zu essen: oft muß es auch was zu trinken sein.

Ob ich W. heirate? Nicht, wenn sie mir nicht auch die anderen Buchstaben ihres Namens sagt. Und was ist mit ihrer Karriere? Wie kann ich eine Frau von ihrer Schönheit darum bitten, das Preisboxen aufzugeben? Entscheidungen . . .

Schon wieder habe ich versucht, Selbstmord zu begehen – diesmal, indem ich mir die Nase anfeuchtete und sie in die Steckdose steckte. Unglücklicherweise gab's einen Kurzschluß in der Leitung, und ich flog bloß gegen den Kühlschrank. Weiterhin von Todesgedanken gequält, grüble ich fortwährend nach. Ich frage mich beständig, ob es ein Leben nach dem Tode gibt, und wenn es eins gibt, werden sie in der Lage sein, einen Zwanziger zu wechseln?

Heute lief ich bei einer Beerdigung meinem Bruder in die Arme. Wir hatten uns fünfzehn Jahre nicht gesehen, aber wie gewöhnlich zog er eine Schweinsblase aus seiner Tasche und fing an, mir damit auf den Kopf zu hauen. Die Zeit hat mir geholfen, ihn besser zu verstehen. Ich begreife endlich, daß er seine Äußerung, ich sei «irgendso ein ekelhafter Wurm, der bloß zum Ausrotten geschaffen sei», mehr aus Mitleid als aus Wut getan hat. Seien wir ehrlich: er war immer viel gescheiter als ich – witziger, gebildeter, besser erzogen. Warum er immer noch bei McDonald's arbeitet, ist mir ein Rätsel.

Idee für eine Geschichte: Ein paar Biber übernehmen die Carnegie Hall und führen *Wozzeck* auf. (Heißes Thema. Wie werde ich es gliedern?)

Guter Gott, warum fühle ich mich so schuldig? Etwa, weil ich meinen Vater haßte? Wahrscheinlich war's die Sache mit dem Kalbsgulasch. Na ja, was suchte das aber auch in seiner Brieftasche? Wenn ich auf ihn gehört hätte, hätte ich mein Leben lang Hüte gepreßt. Ich höre ihn noch heute: «Hüte pressen – das ist die Hauptsache.» Ich erinnere mich an seine Antwort, als ich ihm sagte, daß ich dichten wolle. «Die einzige Dichtung, die du machen wirst, wirst du mit einem Uhu zuwegebringen.» Ich habe immer noch keine Ahnung, was er meinte. Was war er für ein trauriger Mann! Als mein erstes Stück, *Eine Zyste für Guste*, auf dem Gymnasium aufgeführt wurde, kam er in Frack und Gasmaske zur Premiere.

Heute sah ich einen rotgelben Sonnenuntergang und dachte: Wie unbedeutend bin ich doch! Natürlich dachte ich das gestern auch, und da hat's geregnet. Mich überkam Ekel vor mir selbst, und ich dachte wieder an Selbstmord – diesmal wollte ich direkt neben einem Versicherungsvertreter tief einatmen.

Kurzgeschichte: Ein Mann wacht am Morgen auf und stellt fest, daß er in seine eigene Plattfußeinlage verwandelt ist. (Dieser Einfall kann auf vielen Ebenen durchgearbeitet werden. Psychologisch gesehen ist er der Grundgedanke Krügers, des Freud-Schülers, der die Sexualität des Schinkenspecks entdeckte.)

Wie unrecht Emily Dickinson hatte! Die Hoffnung ist nicht «das Etwas mit Federn». Das Etwas mit Federn hat sich als mein Neffe entpuppt. Ich muß zu einem Spezialisten in Zürich mit ihm.

Ich habe mich entschlossen, meine Beziehung zu W. abzubrechen. Sie begreift meine Schriftstellerei nicht und sagte gestern abend, meine *Kritik der metaphysischen Realität* erinnere sie an *Airport*. Wir zankten uns, und sie brachte wieder das Thema Kinder an, aber ich überzeugte sie, daß die zu jung wären.

Glaube ich an Gott? Bis zu Mutters Unfall tat ich es. Sie fiel auf einen Fleischklops, der ihr die Milz durchbohrte. Sie lag monatelang im Koma, zu nichts anderem imstande, als mit einem imaginären Hering «Granada» zu singen. Warum mußte diese Frau in der Blüte ihres Lebens so leiden – weil sie in ihrer Jugend dem Althergebrachten zu trotzen wagte und mit einer braunen Papiertüte auf dem Kopf heiratete? Und wie kann ich an Gott glauben, wenn sich erst letzte Woche meine Zunge in der Walze einer elektrischen Schreibmaschine verheddert hat? Zweifel plagen mich. Was ist, wenn alles bloß Illusion ist und nichts existiert? In dem Fall habe ich entschieden zuviel für meinen Teppich bezahlt. Wenn Gott mir doch irgendein klares Zeichen geben würde! Wie zum Beispiel, bei einer Schweizer Bank eine großzügige Einzahlung auf meinen Namen zu machen.

Trank mit Melnick Kaffee. Er erzählte mir von seiner Idee, alle Regierungsbeamten wie Hühner zu kleiden.

Idee für ein Stück: Eine Figur nach dem Vorbild meines Vaters, aber ohne die so stark hervorstechende große Zehe. Er wird zur Sorbonne geschickt, um Mundharmonika zu studieren. Am Ende stirbt er, ohne je seinen großen Traum zu verwirklichen – bis zur Taille in Soße zu sitzen. (Ich sehe einen brillanten Schluß für den zweiten Akt vor mir, wo zwei Zwerge in einer Ladung Fußbällen auf einen abgetrennten Kopf stoßen.)

Während meines Mittagsspaziergangs hatte ich wieder Todesgedanken. Was *ist* das denn am Tod, was mich so beunruhigt? Wahrscheinlich die Todesstunde. Melnick sagt, die Seele ist unsterblich und lebt weiter, nachdem der Leib abgefallen ist, aber wenn meine Seele ohne meinen Körper existiert, dann bin ich überzeugt, daß ihr alle meine Sachen zu weit sein werden. Na ja, was soll's ...

Brauchte mit W. nicht zu brechen, denn wie es das Glück wollte, brannte sie mit einem echten Feuerschlucker vom Zirkus nach Finnland durch. Das ist die beste Lösung, nehme ich an, obwohl ich schon wieder so einen Anfall hatte, wo ich anfange, aus den Ohren zu husten.

Gestern abend habe ich alle meine Theaterstücke und Gedichte verbrannt. Als ich mein Meisterstück, *Dunkler Pinguin*, verbrannte, fing ironischerweise mein Zimmer Feuer, und jetzt bin ich Gegenstand einer Klage von irgendwelchen Leuten namens Pinchunk und Schlosser. Kierkegaard hatte recht.

# Übersinnliche Erscheinungen –
## bei Licht betrachtet

Ganz ohne Frage gibt es eine Welt des Unsichtbaren. Das Problem ist, wie weit ist sie vom Stadtzentrum weg und wie lange hat sie offen? Unerklärliche Dinge ereignen sich ständig. Einer sieht Gespenster. Ein anderer hört Stimmen. Ein dritter wacht auf und stellt fest, daß er beim Epsom Derby mitläuft. Wie viele von uns haben nicht das eine oder andere Mal eine eiskalte Hand hinten im Genick gespürt, als sie allein zu Hause waren? (Ich nicht, Gott sei Dank, aber viele haben's.) Was steckt hinter diesen Erlebnissen? Oder davor, nicht zu vergessen? Ist es wahr, daß einige Menschen die Zukunft voraussehen oder mit Geistern in Verbindung treten können? Und ist es nach dem Tode noch möglich zu duschen?

Glücklicherweise werden diese Fragen zu übersinnlichen Phänomenen in einem bald erscheinenden Buch beantwortet: *Buh!* von Dr. Osgood Mulford Twelge, dem bekannten Parapsychologen und Professor für Ektoplasma an der Columbia University. Dr. Twelge hat eine einzigartige Geschichte übernatürlicher Ereignisse zusammengetragen, von der Gedankenübertragung bis hin zu dem bizarren Erlebnis zweier Brüder in ganz verschiedenen Teilen der Erde, von denen einer ein Bad nahm, worauf der andere plötzlich sauber wurde. Was folgt, ist lediglich eine Probe der berühmtesten Fälle Dr. Twelges mit seinen Kommentaren dazu.

## Geistererscheinungen

Am 16. März 1882 wurde Mr. J. C. Dubbs mitten in der Nacht wach und sah seinen Bruder Amos, der schon vierzehn Jahre tot war, am Fußende seines Bettes sitzen und Hühnchen rupfen. Dubbs fragte seinen Bruder, was er da tue, und sein Bruder sagte, er solle sich keine Gedanken machen, er sei tot und bloß zum Wochenende in der Stadt. Dubbs fragte seinen Bruder, wie es in der «anderen Welt» sei, und sein Bruder sagte, es sei so ähnlich wie in Cleveland. Er sagte, er sei zurückgekehrt, um Dubbs eine Botschaft zu überbringen, die laute, ein dunkelblauer Anzug und karierte Socken seien ein gewaltiger Mißgriff.

In dem Augenblick kam Dubbs' Dienstmädchen herein und sah Dubbs mit «einem formlosen milchigen Nebel» reden, der sie, sagte sie, an Amos Dubbs erinnert habe, jedoch ein wenig hübscher gewesen sei. Schließlich bat der Geist Dubbs, ihn bei einer Arie aus *Faust* zu begleiten, die die beiden mit großer Inbrunst sangen. Als es dämmerte, verschwand der Geist durch die Wand, und Dubbs, der ihm zu folgen versuchte, brach sich das Nasenbein.

Dies scheint ein klassischer Fall des Phänomens Geistererscheinung zu sein, und wenn man Dubbs glauben darf, kam der Geist noch einmal wieder und brachte Mrs. Dubbs dazu, sich von einem Stuhl in die Luft zu erheben und zwanzig Minuten über dem Eßtisch zu schweben, bis sie in die Soße fiel. Es ist interessant zu bemerken, daß Geister die Neigung haben, schadenfroh zu sein, was der englische Mystiker A. F. Childe auf ihr ausgeprägtes Minderwertigkeitsgefühl zurückführt, das sie haben, weil sie tot sind. «Erscheinungen» sind oft mit Personen verknüpft, die auf ungewöhnliche Weise zu Tode kamen. Amos Dubbs zum Beispiel war unter mysteriösen Umständen gestorben, als ein Bauer ihn aus Versehen zusammen mit ein paar Rüben auspflanzte.

## Geistesabwesenheit

Mr. Albert Sykes berichtet folgendes Erlebnis: «Ein paar Freunde und ich saßen bei ein paar Keksen beisammen, als ich fühlte, wie mein Geist meinen Körper verließ und telefonieren ging. Aus irgendwelchen Gründen rief er die Moskowitz-Fiberglas-Gesellschaft an. Dann kehrte mein Geist in meinen Körper zurück und blieb ungefähr zwanzig Minuten, immer in der Hoffnung, niemand werde vorschlagen, Kreuzworträtsel zu lösen. Als die Unterhaltung zu Investitionsgeschäften überging, verschwand er wieder und spazierte in der Stadt herum. Ich bin davon überzeugt, daß er die Freiheitsstatue besichtigte und sich dann die Bühnenshow in der Radio City Music Hall ansah. Danach fuhr er zu Benny's Steakhaus und machte eine Rechnung von achtundsechzig Dollar. Dann entschloß sich mein Geist, in meinen Körper zurückzukehren, bekam aber einfach kein Taxi. Schließlich lief er die Fifth Avenue hoch und stieß gerade rechtzeitig wieder zu mir, um noch die Spätnachrichten mitzukriegen. Ich konnte feststellen, daß er wieder in meinen Körper einzog, weil ich plötzlich einen Schauder fühlte und eine Stimme sagte: ‹Ich bin wieder da. Reichst du mir bitte mal die Rosinen rüber?›

Dieses Wunder ist mir seitdem verschiedentlich widerfahren. Einmal fuhr mein Geist auf ein Wochenende nach Miami, und einmal wurde er eingesperrt, weil er versuchte, bei Macy's rauszugehen, ohne für einen Schlips zu bezahlen. Das vierte Mal war es wirklich mein Körper, der meinen Geist verließ, aber er handelte sich bloß eine Abreibung ein und kam gleich wieder.»

Geistesabwesenheit war um 1910 sehr verbreitet, als viele «Geister» auf der Suche nach dem amerikanischen Konsulat ziellos in Indien herumgewandert sein sollen. Das Phänomen ist der Transsubstantiation ganz ähnlich, dem Vorgang, bei dem eine Person plötzlich unsichtbar und woanders auf der Welt wieder sichtbar wird. Das ist keine üble Art zu reisen, auch wenn man gewöhnlich eine halbe Stunde aufs Gepäck warten muß. Der erstaunlichste Transsubstantiationsfall war der von Sir Arthur Nurney, der mit einem hörbaren «Pop» verschwand, als er gerade ein Bad nahm, und plötzlich bei den Streichern im Wiener Symphonischen Orchester auftauchte. Dort blieb er siebenundzwanzig Jahre als Erster Geiger, obwohl er bloß «Horch, was kommt von draußen rein» spielen konnte, und eines Tages verschwand er unerwartet mitten in Mozarts Jupiter-Symphonie und kreuzte im Bett bei Winston Churchill auf.

# Das Zweite Gesicht

Mr. Fenton Allentuck schildert uns den folgenden prophetischen Traum: «Ich ging um Mitternacht schlafen und träumte, ich spielte mit einem Teller Schnittlauch eine Partie Whist. Plötzlich wechselte der Traum, und ich sah meinen Großvater, der gerade mitten auf der Straße, wo er mit einer Kleiderpuppe Walzer tanzte, von einem Lastwagen überfahren wurde. Ich versuchte zu schreien, aber als ich den Mund öffnete, kam als einziger Ton Glockenläuten heraus, und mein Großvater wurde überfahren.

Ich wachte schweißgebadet auf und lief zu meinem Großvater und fragte ihn, ob er vorhabe, mit einer Kleiderpuppe Walzer zu tanzen. Er sagte, natürlich nicht, obwohl er im Sinn gehabt habe, als Schafhirt aufzutreten, um seine Feinde zu foppen. Erleichtert ging ich heim und erfuhr später, der alte Herr sei auf einem Geflügelsalat-Brötchen ausgerutscht und vom Chrysler Building runtergefallen.»

Prophetische Träume sind zu verbreitet, als daß sie als reiner Zufall abgetan werden könnten. Hier träumt ein Mensch vom Tode eines Verwandten, und er tritt ein. Nicht jeder hat das Glück. J. Martinez aus Kennebunkport, Maine, träumte, er habe in der Irischen Lotterie gewonnen. Als er erwachte, schwamm sein Bett bereits auf hoher See.

## Trance

Der Skeptiker Sir Hugh Swiggles berichtet von einem interessanten Erlebnis bei einer spiritistischen Sitzung:

Wir besuchten Madame Reynaud, das bekannte Medium, wo wir alle angewiesen wurden, uns um einen Tisch zu setzen und bei den Händen zu fassen. Mr. Weeks konnte sich das Kichern nicht verkneifen, und Madame Reynaud schmetterte ihm eine Tafel mit Geisterschrift auf den Kopf. Das Licht wurde ausgeknipst, und Madame Reynaud versuchte, Verbindung mit Mrs. Marples Gatten aufzunehmen, der in der Oper gestorben war, als sein Bart Feuer fing. Das Folgende ist eine genaue Abschrift:

MRS. MARPLE: Was sehen Sie?

MEDIUM: Ich sehe einen Mann mit blauen Augen und einem Windrädchen am Hut.

MRS. MARPLE: Das ist mein Mann!

MEDIUM: Sein Name ist ... Robert. Nein ... Richard ...

MRS. MARPLE: Quincy.

MEDIUM: Quincy. Ja, genau!

MRS. MARPLE: Was sehen Sie noch?

MEDIUM: Er hat eine Glatze, legt sich aber normalerweise ein paar Blätter auf den Kopf, damit es niemand merkt.

MRS. MARPLE: Ja! Genau!

MEDIUM: Aus irgendeinem Grund hat er was in der Hand ... ein Eisbein.

MRS. MARPLE: Mein Geburtstagsgeschenk an ihn. Können Sie ihn sprechen lassen?

MEDIUM: Sprich, Geist. Sprich!

QUINCY: Claire, hier spricht Quincy.

MRS. MARPLE: O Quincy, Quincy!

QUINCY: Wie lange läßt du Hühnchen im Ofen, wenn du sie brätst?

MRS. MARPLE: Diese Stimme! Das ist er!

MEDIUM: Bitte alle konzentrieren!

MRS. MARPLE: Quincy, behandelt man dich gut?

QUINCY: Nicht schlecht, bloß dauert's vier Tage, bis die Wäsche aus der Reinigung kommt.

MRS. MARPLE: Quincy, vermißt du mich?

QUINCY: Was? Oh ... ääh ... sicher. Sicher, Kleines. Jetzt muß ich aber gehen ...

MRS. MARPLE: Ich verliere ihn ... Er schwindet ...

Ich fand, diese Séance könne die strengsten Glaubwürdigkeitsprüfungen bestehen, mit der geringfügigen Einschränkung, daß unter Madame Reynauds Kleid ein Tonbandgerät gefunden wurde.

Es besteht kein Zweifel, daß bestimmte, bei spiritistischen Sitzungen aufgenommene Vorkommnisse echt sind. Wer erinnert sich nicht des berühmten Vorfalls bei Sibyl Seretsky, als ihr Goldfisch «I got Rhythm» sang – ein Lieblingslied ihres vor kurzem verstorbenen Neffen? Aber mit Toten in Kontakt zu treten ist im besten Falle schwierig, weil die meisten Verstorbenen ungern laut sprechen, und die, die es tun, drucksen anscheinend erst herum, ehe sie zur Sache kommen. Der Autor hat mit eigenen Augen gesehen, wie ein Tisch in die Höhe schwebte, und Dr. Joshua Fleagle von der Harvard University wohnte einer spiritistischen Sitzung bei, in der ein Tisch nicht nur in der Luft schwebte, sondern sich entschuldigte und nach oben schlafen ging.

## Hellsehen

Einer der erstaunlichsten Fälle von Hellseherei ist der des bekannten griechischen Spiritisten Achille Londos. Londos bemerkte etwa im Alter von zehn Jahren, daß er «ungewöhnliche Fähigkeiten» habe, weil er im Bett liegen und durch Konzentration seinem Vater die falschen Zähne aus dem Mund hopsen lassen konnte. Als der Mann einer Nachbarin schon drei Wochen vermißt wurde, sagte Londos, man solle doch mal im Ofen nachsehen, wo der Mann mit einem Strickzeug gefunden wurde. Londos konnte sich auf das Gesicht eines Menschen konzentrieren und das Bild zwingen, auf normalem Kodakfilm zu erscheinen; trotzdem gelang es ihm anscheinend nie, jemanden zum Lächeln zu bringen.

1964 wurde er hinzugezogen, um der Polizei zu helfen, den «Würger von Düsseldorf» zu fassen, einen Unhold, der stets eine überbackene Cassata auf der Brust seiner Opfer zurückließ. Londos brauchte nur an einem Taschentuch zu riechen, und schon führte er die Polizei zu Siegfried Lenz, einem Faktotum an einer Schule für taube Puten, der sagte, er sei der Würger und ob er bitteschön sein Taschentuch wiederhaben könne.

Londos ist nur einer von vielen mit hellseherischen Fähigkeiten. C. N. Jerome, das Medium aus Newport, Rhode Island, behauptet, er könne jede Spielkarte erraten, an die ein Eichhörnchen denkt.

## Weissagen

Zum Schluß kommen wir zu Aristonidis, dem Grafen aus dem 16. Jahrhundert, dessen Prophezeiungen noch heute auch die größten Skeptiker verblüffen und verwirren. Typische Beispiele sind:

«Zwei Nationen werden in den Krieg ziehen, aber nur eine gewinnt.»

(Fachleute meinen, wahrscheinlich beziehe sich das auf den Russisch-Japanischen Krieg von 1904/05 – eine erstaunliche Bravourleistung an Prophezeiung, wenn man bedenkt, daß sie schon 1540 gemacht wurde.)

«Ein Mann in Istanbul läßt seinen Hut pressen und bekommt ihn kaputt zurück.»

(Abu Hamid, ein ottomanischer Krieger, schickte 1860 seine Haube zum Reinigen und bekam sie fleckig zurück.)

«Ich sehe eine große Persönlichkeit, die eines Tages ein Kleidungsstück für die Menschheit erfinden wird, das beim Kochen zum Schutz über den Hosen getragen wird. Es wird ‹Schurz› oder ‹Schützer› genannt werden.»

(Aristonidis meinte natürlich die Schürze.)

«In Frankreich wird ein Führer auftreten. Er wird sehr klein sein und großes Unheil stiften.»

(Das ist entweder eine Anspielung auf Napoleon oder auf Marcel Lumet, einen Zwerg im 18. Jahrhundert, der ein Komplott anzettelte, Voltaire mit Sauce Béarnaise zu beschmieren.)

«In der Neuen Welt wird es eine Gegend namens Kalifornien geben, und ein Mann namens Joseph Cotten wird berühmt werden.»

(Keine Erklärung nötig.)

# Ein Führer durch einige der
# unbedeutenderen Ballette

## Dmitri

Das Ballett beginnt in einem Vergnügungspark. Man sieht Erfrischungsbuden und Karussells. Fröhlich buntgekleidet tanzen und lachen viele Leute zur Begleitung von Flöten und Schalmeien, während die Posaunen in einer tieferen Tonart spielen, um anzudeuten, daß bald die Erfrischungen zu Ende und alle tot sein werden.

Über den Jahrmarktsplatz wandert ein hübsches Mädchen namens Natascha, das traurig ist, weil sein Vater zum Kämpfen nach Khartum geschickt wurde und dort kein Krieg ist. Ihm folgt Leonid, ein junger Student, der zu schüchtern ist, um Natascha anzusprechen, ihr aber jeden Abend einen gemischten grünen Salat vor die Tür stellt. Natascha ist von dem Geschenk gerührt und wünscht sich, sie könnte dem Mann begegnen, der ihn ihr schickt, besonders, weil sie die ordinäre Tunke haßt und lieber Roquefortsoße hätte.

Die beiden stoßen zufällig aufeinander, als Leonid beim Versuch, ein Liebesbriefchen an Natascha zu verfassen, aus dem Riesenrad fällt. Sie hilft ihm auf, und die beiden tanzen einen Pas de deux, wonach Leonid versucht, Eindruck auf sie zu machen, indem er die Augen rollt, bis er zur Erste-Hilfe-Station getragen werden muß. Leonid entschuldigt sich überschwenglich und schlägt vor, zum Zelt Nr. 5 zu bummeln und sich ein Puppentheater anzusehen – eine Aufforderung, die bei Natascha die Idee bestärkt, daß sie es mit einem Idioten zu tun hat.

Das Puppentheater ist jedoch bezaubernd, und eine große lustige Puppe namens Dmitri verliebt sich in Natascha. Sie bemerkt, daß er, obwohl er nur aus Sägemehl besteht, eine Seele hat, und als er vorschlägt, sich als Mr. und Mrs. John Doe in einem Hotel einzumieten, ist sie entzückt. Sie tanzen einen Pas de deux, obwohl sie eben schon einen Pas de deux getanzt hat und wie ein Ochse schwitzt. Natascha gesteht Dmitri ihre Liebe und schwört, daß sie beide immer zusammenbleiben werden, auch wenn der Mann, der Dmitris Drähte bewegt, in einer Hängematte im Salon wird schlafen müssen.

Beleidigt darüber, für eine Puppe verlassen zu werden, schießt Leonid auf Dmitri, der jedoch nicht stirbt, sondern auf dem Dach der Handelsbank erscheint und großspurig eine Flasche Wick VapoRub austrinkt. Die Handlung wird undurchsichtig, und große Freude kommt auf, als sich Natascha den Schädel bricht.


## Das Opfer

Ein melodisches Vorspiel schildert des Menschen Verhältnis zur Erde und warum er anscheinend schließlich immer in ihr begraben wird. Der Vorhang öffnet sich auf eine weite urzeitliche Einöde, bestimmten Teilen von New Jersey nicht unähnlich. Männer und Frauen sitzen in getrennten Gruppen und fangen dann an zu tanzen, aber sie haben keine Ahnung, warum, und setzen sich bald wieder hin. Kurz darauf kommt ein junger Mann in der Blüte seiner Jahre herein und tanzt eine Hymne an das Feuer. Plötzlich entdeckt man, daß er in Flammen steht, und nachdem er gelöscht ist, schleicht er davon. Jetzt wird die Bühne dunkel, und der Mensch fordert die Natur heraus – eine aufregende Begegnung, während der die Natur in den Hintern gebissen wird, mit dem Resultat, daß die nächsten sechs Monate die Temperatur nie über 13 Grad minus steigt.

Die zweite Szene beginnt, und der Frühling ist immer noch nicht da, obwohl schon Ende August ist und niemand ganz genau weiß, wann die Uhren auf die Sommerzeit umgestellt werden müssen. Die Alten des Stammes kommen zusammen und beschließen, die Natur mit dem Opfer eines jungen Mädchens zu besänftigen. Eine Jungfrau wird ausgewählt. Ihr werden drei Stunden Zeit gegeben, sich am Stadtrand einzufinden, wo, wie ihr gesagt wird, ein Würstchen-Grillfest stattfindet. Als das Mädchen am Abend erscheint, fragt sie, wo all die Frankfurter geblieben sind. Ihr wird von den Alten befohlen, sich zu Tode zu tanzen. Sie fleht um Mitleid und sagt ihnen, daß sie keine so gute

Tänzerin sei. Die Dorfbewohner bestehen darauf, und als die Musik sich unbarmherzig steigert, dreht sich das Mädchen wie wahnsinnig im Kreise und entwickelt eine solche Fliehkraft, daß ihre Silberplomben quer über ein Fußballfeld fliegen. Alle freuen sich, aber zu früh, denn nicht nur bleibt der Frühling aus, sondern zwei von den Alten bekommen auch eine Vorladung wegen Steuerhinterziehung.

## Der Zauberspruch

Die Ouvertüre beginnt frohgelaunt im Blech, während darunter die Kontrabässe uns zu warnen scheinen: «Hört nicht auf das Blech. Was zum Teufel weiß schon das Blech?» Bald darauf geht der Vorhang auf, und wir sehen Prinz Sigmunds Schloß, herrlich in seiner Pracht und mietpreisgebunden. Es ist der 21. Geburtstag des Prinzen, aber er wird ganz verzagt, als er seine Geschenke auspackt, weil sich herausstellt, daß es meistens Pyjamas sind. Nacheinander machen ihm seine alten Freunde seine Aufwartung, und er grüßt sie mit Handschlag oder einem Klaps auf den Po, je nachdem, wie herum sie stehen. Mit seinem besten Freund, Wolfschmidt, schwelgt er in Erinnerungen, und sie geloben sich, wenn einer von ihnen eine Glatze bekommen sollte, werde der andere ein Toupet tragen. Das Ensemble tanzt zur Einstimmung auf die Jagd, bis Sigmund sagt: «Welche Jagd denn?» Keiner weiß es genau, aber das Festgelage ist zu weit fortgeschritten, und als die Rechnung kommt, gibt es eine Menge Ärger.

Vom Leben angeödet, tanzt Sigmund zum Ufer des Sees hinunter, wo er vierzig Minuten auf sein makelloses Spiegelbild starrt, ärgerlich darüber, daß er sein Rasierzeug nicht mitgebracht hat. Plötzlich hört er Flügelschlagen, und ein Schwarm wilder Schwäne fliegt über den Mond hin, biegt in die erste Querstraße rechts ein und nimmt wieder Kurs auf den Prinzen. Sigmund ist überrascht, als er sieht, daß der Anführer halb Schwan, halb Frau ist – unglücklicherweise in der Länge geteilt. Sie bezaubert Sigmund, der darauf achtet, daß er keine Vogelwitze reißt. Die beiden tanzen einen Pas de deux, der endet, als

Sigmund sich den Rücken ausrenkt. Yvette, die Schwanenfrau, erzählt Sigmund, daß sie unter einem Bann steht, den ein Zauberer namens Von Epps ihr auferlegt hat, und daß es wegen ihres Äußeren fast unmöglich ist, einen Bankkredit zu kriegen. In einem besonders schwierigen Solo erklärt sie, in der Sprache des Tanzes, daß es nur dann möglich ist, den Fluch Von Epps' von ihr zu nehmen, wenn ihr Geliebter zur Büroschule geht und Steno lernt. Das ist Sigmund ein grauenhafter Gedanke, aber er schwört, daß er es tun wird. Mit einemmal taucht Von Epps in Gestalt der schmutzigen Wäsche von gestern auf und zaubert Yvette und sich weg. Damit endet der erste Akt.

Als der zweite Akt anfängt, ist eine Woche vergangen, und der Prinz soll gerade mit Justine verheiratet werden, einer Frau, die er vollkommen vergessen hatte. Sigmund wird von widerstreitenden Gefühlen hin- und hergerissen, weil er immer noch die Schwanenfrau liebt, aber Justine auch sehr schön ist und keine größeren Nachteile wie Federn oder Schnabel hat. Justine umtanzt Sigmund verführerisch, der zu überlegen scheint, ob er an der Heirat festhalten oder Yvette finden und dann sehen soll, ob die Ärzte nicht irgendwas machen können. Die Becken lärmen los, und Von Epps, der Große Zauberer, tritt auf. Eigentlich war er zur Hochzeit nicht eingeladen, aber er verspricht, nicht viel zu essen. Wutentbrannt zieht Sigmund das Schwert und sticht Von Epps ins Herz. Das wirft einen Schatten auf die Party, und Sigmunds Mutter befiehlt dem Küchenchef, ein paar Minuten zu warten, ehe das Roastbeef aufgetragen wird.

Unterdessen hat Wolfschmidt auf Sigmunds Geheiß die vermißte Yvette gefunden – keine schwere Aufgabe, erklärt er, «denn wie viele Leute halb Frau, halb Schwan hängen schon in Hamburg rum?» Trotz Justines Flehen eilt Sigmund zu Yvette. Justine rennt ihm nach und küßt ihn, als das Orchester einen Mollakkord spielt, und wir bemerken, daß Sigmund sein Trikot verkehrt herum anhat. Yvette weint und erklärt, die einzige Möglichkeit für sie, den Zauber zu bannen, sei zu sterben. In einer der bewegendsten und schönsten Passagen aller Ballette überhaupt rennt sie mit ihrem Kopf gegen eine Ziegelmauer. Sigmund sieht, wie ihr Körper sich von einem toten Schwan zu einer toten Frau verwandelt, und wird gewahr, wie bittersüß das Leben sein kann, besonders für das Federvieh. Gramzerfetzt beschließt er, ihr zu folgen, und verschluckt nach einem zierlichen Trauertanz seine Hanteln.

## Die Raubgierigen

Dieses berühmte elektronische Ballett ist vielleicht das dramatischste des ganzen modernen Tanzes. Es beginnt mit einer Ouvertüre aus Geräuschen von heute – Straßenlärm, tickende Uhren, einem Zwerg, der «Hora Staccato» auf einem Kamm und Seidenpapier spielt. Der Vorhang öffnet sich dann auf eine leere Bühne. Mehrere Minuten passiert gar nichts, schließlich fällt der Vorhang, und es gibt eine Pause.

Der zweite Akt beginnt in absoluter Stille, während ein paar junge Männer hereintanzen und so tun, als wären sie Insekten. Der Anführer ist eine gemeine Hausfliege, wogegen die anderen verschiedenen Gartenschädlingen ähneln. Sie bewegen sich graziös zu der schrillen Musik, auf der Suche nach einem gigantischen Butterbrötchen, das langsam im Hintergrund auftaucht. Sie wollen es gerade essen, da werden sie von einem Aufzug von Weibchen unterbrochen, die eine große Dose «Fliegentod» bei sich haben. Von Panik erfaßt, versuchen die Männchen zu entwischen, aber sie werden in Drahtkäfige gesperrt, ohne daß sie was zu lesen bekommen. Die Weibchen tanzen orgiastisch um die Käfige herum und rüsten sich dazu, die Männchen in dem Augenblick zu verschlingen, wo sie ein bißchen Sojasoße auftreiben können. Während die Weibchen sich aufs Essen vorbereiten, bemerkt ein junges Mädchen ein einsames Männchen mit schlappen Fühlern. Sie fühlt sich zu ihm hingezogen, und die beiden tanzen langsam zu Waldhörnern, während er ihr ins Ohr flüstert: «Friß mich nicht!» Sie verlieben sich ineinander und machen eingehende Pläne für einen Hochzeitsflug, aber das Weibchen ändert ihren Sinn und frißt das Männchen, weil sie lieber mit einer Freundin in die neue Wohnung zieht.

# Ein Tag im Leben eines Hirsches

Unerträglich liebliche Musik ist zu hören, als der Vorhang auf-
geht, und wir sehen einen Wald an einem Sommernachmittag.
Ein Faun tanzt herein und knabbert träge an ein paar Blättern.
Faul läßt er sich durch das zarte Laubwerk treiben. Bald fängt er
an zu husten und fällt tot um.

# Die Schriftrollen

Wissenschaftler werden sich erinnern, daß vor mehreren Jahren ein Schafhirt beim Herumwandern am Golf von Akaba zufällig auf eine Höhle stieß, die mehrere große Tonkrüge und zwei Eintrittskarten für das Eisballett enthielt. In den Krügen wurden sechs Pergamentrollen mit alter unverständlicher Schrift entdeckt, die der Schafhirt in seiner Unwissenheit für 750 000 Dollar pro Stück ans Museum verkaufte. Zwei Jahre später tauchten die Krüge in einer Pfandleihe in Philadelphia auf. Ein Jahr darauf tauchte der Schafhirt in einer Pfandleihe in Philadelphia auf, und auf beide erhob niemand Anspruch.

Ursprünglich setzten die Archäologen das Entstehungsdatum der Rollen bei 4000 v. Chr. an, oder sofort nach der Abschlachtung der Israeliten durch ihre Wohltäter. Der Text ist eine Mischung aus Sumerisch, Aramäisch und Babylonisch und scheint entweder von einem einzigen über eine lange Zeitspanne hin niedergeschrieben worden zu sein oder von mehreren, die nacheinander denselben Anzug trugen. Die Echtheit der Rollen unterliegt gegenwärtig großem Zweifel, besonders weil das Wort «Volkswagen» mehrere Male im Text erscheint, und die wenigen Fragmente, die endlich übersetzt worden sind, behandeln vertraute religiöse Themen in einer mehr als zweifelhaften Weise. Dennoch hat der Grabungsexperte A. H. Bauer bemerkt, daß, obwohl die Fragmente kompletter Schwindel zu sein scheinen, es sich bei ihnen wahrscheinlich um den bedeutendsten archäologischen Fund der Geschichte handelt, wenn man von der Wiederentdeckung seiner Manschettenknöpfe in einem Jerusalemer Grab absieht. Es folgen die übersetzten Fragmente.

*Eins* ... Und der Herr machte eine Wette mit Satan, Jobs Treue auf die Probe zu stellen, und der Herr schlug ihn, für Job aus keinem ersichtlichen Grund, auf den Kopf und wiederum aufs Ohr und stieß ihn in eine dicke Soße, um zu machen, daß Job klebrig und eklig sei, und dann tötete Er den zehnten Teil von Jobs Herde, und Job rief aus: «Warum tötest du meine Herde? Vieh ist schwer zu bekommen. Nun bin ich knapp an Vieh und weiß nicht einmal mehr genau, was Vieh ist.» Und der Herr zog zwei steinerne Tafeln hervor und schmetterte sie zusammen, und Jobs Nase war dazwischen. Da Jobs Weib dieses sah, weinte sie, und der Herr sandte einen Engel der Barmherzigkeit, der polierte ihr den Kopf mit einem Poloschläger, und von den zehn Plagen schickte der Herr die Nummern eins bis sechs inklusive, und Job ward sauer und sein Weib böse, und sie zerriß ihre Tracht, so gab es Zwietracht um die Mieterhöhung, weil sie nicht renovieren wollte.

Und alsbald verdorrten Jobs Weiden, und seine Zunge klebte ihm am Gaumen fest, also konnte er das Wort «Weihrauch» nicht aussprechen, ohne daß er furchtbar lachen mußte.

Und als der Herr einst seine Zerstörungswut an seinem getreuen Knecht ausließ, kam Er ihm zu nahe, und Job packte ihn im Genick und sagte: «Aha! Jetzt habe ich dich! Warum reitest du Job so auf den Nerven rum, was? Was? Rede!»

Und der Herr sprach: «Äh, sieh mal – das ist mein Genick, was du gepackt hast ... Könntest du mich loslassen?»

Job aber zeigte kein Mitleid und sagte: «Es ging mir sehr gut, bis du vorbeikamst. Ich hatte Myrrhe und Feigenbäume im Überfluß und einen bunten Rock mit zwei Paar bunten Hosen. Sieh dir das jetzt an.»

Und der Herr redete und seine Stimme donnerte: «Muß ich, der Himmel und Erde schuf, dir meine Wege erklären? Was hast du geschaffen, daß du mich zu verhören wagst?»

«Das ist keine Antwort», sagte Job, «und als einem, der für allmächtig gehalten wird, laß mich dir sagen, Tabernakel wird bloß mit einem l geschrieben.» Dann fiel Job auf seine Knie und schrie zum Herrn: «Dein ist das Reich und die Macht und die Herrlichkeit. Du hast einen guten Job. Vermassel ihn dir nicht.»

Zwei ... Und Abraham erwachte in der Mitte der Nacht und sprach zu seinem einzigen Sohn, Isaak: «Ich habe einen Traum gehabt, in dem die Stimme des Herrn sagte, daß ich meinen einzigen Sohn opfern solle, also zieh dir deine Hosen an.» Und Isaak zitterte und sprach: «Und was sagtest du da? Ich meine, als Er die ganze Sache zur Sprache brachte?»

«Nu, was soll ich fragen?» sagte Abraham. «Ich stehe da um

zwei Uhr nachts in meinen Unterhosen vor dem Schöpfer des Universums. Sollte ich streiten?»

«Also, hat Er gesagt, warum Er mich geopfert haben will?» fragte Isaak seinen Vater.

Aber Abraham sagt: «Die Gläubigen fragen nicht. Laß uns jetzt gehen, denn morgen habe ich einen schweren Tag.»

Und Sarah, die von Abrahams Absicht hörte, wurde ärgerlich und sprach: «Weißt du denn, daß es der Herr war und nicht, sagen wir, dein Freund, der derbe Scherze liebt, denn der Herr haßt derbe Scherze, und wer immer auch jemanden durch den Kakao zieht, soll in die Hände seiner Feinde geliefert werden, ob sie die Zustellung bezahlen können oder nicht.» Und Abraham antwortete: «Weil ich weiß, es war der Herr. Es war eine tiefe, klangvolle, melodische Stimme, und niemand in der ganzen Wüste kann sie so zum Dröhnen bringen.»

Und Sarah sprach: «Und du bist willens, diese sinnlose Tat auszuführen?» Aber Abraham sagte zu ihr: «Offen gesagt, ja; denn das Wort des Herrn in Frage zu stellen, ist das schlimmste, was jemand tun kann, besonders bei der gegenwärtigen wirtschaftlichen Lage.»

Und also brachte er Isaak an einen gewissen Ort und bereitete sich vor, ihn zu opfern. Aber im letzten Augenblick hielt der Herr Abrahams Hand auf und sprach: «Wie konntest du solches tun?»

Und Abraham sprach: «Aber du hast doch gesagt...»

«Kümmer dich nicht darum, was ich gesagt habe», sprach der Herr. «Hörst du auf jede verrückte Idee, die dir über den Weg läuft?» Und Abraham schämte sich: «Äh – nicht richtig... nein.»

«Ich mache aus Spaß den Vorschlag, daß du Isaak opferst, und du rennst sofort los und tust es.»

Und Abraham fiel auf seine Knie: «Sieh doch, ich weiß nie, wann du Spaß machst.»

Und der Herr donnerte: «Kein Sinn für Humor. Ich kann's nicht glauben.»

«Aber beweist das nicht, daß ich dich liebe, wenn ich willens war, meinen einzigen Sohn deiner Laune zum Geschenk zu machen?»

Und der Herr sprach: «Das beweist, daß einige Menschen jedem Befehl folgen, ganz egal, wie kreuzdämlich er ist, solange er von einer wohlklingenden, melodischen Stimme kommt.»

Und damit bat der Herr Abraham, sich etwas auszuruhen und ihn morgen wieder anzurufen.

*Drei* ... Und es geschah, daß ein Mann, der Hemden verkaufte, von schweren Zeiten heimgesucht ward. Weder lief irgend etwas von seinen Waren, noch hatte er Glück. Und er betete und sprach: «Herr, warum hast du mich aufgespart, um mich so leiden zu lassen? Alle meine Feinde verkaufen ihre Ware, nur ich nicht. Und wir sind mitten in der Saison. Meine Hemden sind gute Hemden. Wirf nur einen Blick auf diese Kunstseide. Ich habe welche mit festgeknöpften Kragen, mit offenen Kragen, nichts verkauft sich. Dennoch habe ich deine Gebote gehalten. Warum kann ich nicht mein Brot verdienen, wenn mein jüngerer Bruder in der Kinder-Fertigkleider-Branche seinen Rebbach macht?»

Und der Herr erhörte den Mann und sprach: «Zu deinen Hemden ...»

«Ja, Herr», sagte der Mann und fiel auf die Knie.

«Näh einen Alligator auf die Tasche.»

«Wie meinst du, Herr?»

«Tu nur, was ich dir sage. Dich wird's nicht reuen.»

Und der Mann nähte an alle seine Hemden ein kleines Alligatorzeichen, und siehe da!, plötzlich gingen seine Hemden wie die Feuerwehr, und es herrschte große Freude, während bei seinen Feinden war Heulen und Zähneklappern, und einer sprach: «Der Herr ist barmherzig. Er heißt mich, auf grünen Matten zu liegen. Das Problem ist, ich komm nicht hoch.»


## Regeln und Sprüche

Gemeinheiten zu tun ist gegen das Gesetz, besonders, wenn die Gemeinheiten getan werden, wenn man ein Hummerlätzchen trägt.

Löwe und Kalb werden beisammenliegen, aber das Kalb wird nicht viel Schlaf kriegen.

Wer nicht durch das Schwert oder den Hunger umkommt, wird durch die Pest umkommen, warum sich also rasieren?

Die Gottlosen wissen wahrscheinlich im Grunde ihres Herzens irgendwas.

Wer die Weisheit liebt, ist redlich, aber wer Umgang mit Hühnern pflegt, ist seltsam.

Mein Gott, mein Gott! Was hast du getan, so in letzter Zeit?

# Lovborgs große Frauen

Vielleicht hat kein Schriftsteller faszinierendere und vielschichtigere Frauengestalten geschaffen als der große skandinavische Dramatiker Jorgen Lovborg, der seinen Zeitgenossen als Jorgen Lovborg bekannt war. Durch seine quälenden Beziehungen zum anderen Geschlecht gepeinigt und verbittert, schenkte er der Welt so unterschiedliche und unvergeßliche Gestalten wie Jenny Angstrom in *Viele viele Gänse* und Frau Späring in *Das Zahnfleisch einer Mutter*. Geboren 1836 in Stockholm, begann Lovborg (ursprünglich Lövborg, bis er in späteren Jahren die beiden Pünktchen über dem o entfernte und sich über die Augenbrauen setzte) im Alter von vierzehn Jahren, Stücke zu schreiben. Sein Erstlingswerk, das auf die Bühne kam, als er einundsechzig war, hieß *Die sich krümmen* und rief unterschiedliche Beachtung bei den Kritikern hervor, obgleich die Offenheit des Themas (das Käsestreicheln) konservative Zuschauer zum Erröten brachte. Lovborgs Werk kann in drei Perioden unterteilt werden. Zuerst gab es eine Reihe von Stücken, die von Schmerz, Verzweiflung, Angst, Furcht und Einsamkeit handeln (die Komödien); die zweite Gruppe dreht sich um gesellschaftliche Veränderungen (Lovborg war ein Wegbereiter sicherer Methoden, Heringe abzuwiegen); schließlich die sechs großen Tragödien, die er unmittelbar vor seinem Tode, 1902 in Stockholm, schrieb, als ihm die Nase infolge der Anspannung abfiel.

Lovborgs erste herausragende weibliche Gestalt war Hedvig Moldau in *Ich jodele lieber*, des Dramatikers ironische Anklage gegen das Schönschreiben in den höheren Kreisen. Hedvig weiß, daß Greger Norstad nicht den vorgeschriebenen Mörtel zum Decken des Hühnerstalls benutzt hat, und als er über Klavar Akdal zusammenstürzt, was diesen in derselben Nacht blind und kahl werden läßt, wird sie von Gewissensbissen gequält. Es folgt die entsprechende Szene:

HEDVIG: So – er ist eingestürzt.

DR. RORLUND (*nach langer Pause*): Ja. Er ist Akdal aufs Gesicht gefallen.

HEDVIG (*ironisch*): Was tat er eigentlich im Hühnerstall?

DR. RORLUND: Er liebte die Hühner. Oh, nicht alle Hühner, möchte ich Ihnen gestehen. Jedoch gewisse. *(Bedeutsam)* Er hatte seine Lieblinge.

HEDVIG: Und Norstad? Wo war er während des ... Unglücks?

DR. RORLUND: Er rieb seinen Körper mit Schnittlauch ein und sprang ins Bassin.

HEDVIG *(zu sich)*: Ich heirate nie.

DR. RORLUND: Was heißt das?

HEDVIG: Nichts. Kommen Sie, Doktor. Es wird Zeit, Ihre Unterhosen zu waschen ... Die Unterhosen von jedermann zu waschen ...

Hedvig, eine der ersten wirklich «modernen» Frauengestalten, kann nur höhnisch lächeln, als Dr. Rorlund vorschlägt, sie solle auf der Stelle auf- und abhüpfen, bis Norstad einwillige, seinen Hut pressen zu lassen. Sie hat große Ähnlichkeit mit Lovborgs eigener Schwester Hilda, einer neurotischen, herrschsüchtigen Frau, die mit einem jähzornigen finnischen Seemann verheiratet war, der sie schließlich harpunierte. Lovborg vergötterte Hilda, und ihrem Einfluß ist es zu verdanken, daß er die Angewohnheit aufgab, mit seinem Spazierstock zu reden.

Die zweite große «Heroine» in Lovborgs Werk erscheint in seinem Leidenschafts- und Eifersuchtsdrama *Während wir drei leerbluten.* Moltvick Dorf, der Sardellendompteur, erfährt, daß die unaussprechliche Krankheit seines Vaters sein Bruder Eyowulf geerbt hat. Dorf geht vor Gericht und macht geltend, daß die Krankheit von Rechts wegen seine sei, aber Richter Manders unterstützt Eyowulfs Anspruch. Netta Holmquist, die schöne und anmaßende Schauspielerin, versucht Dorf zu überreden, Eyowulf mit der Drohung zu erpressen, er werde der Regierung erzählen, daß jener einstmals die Unterschrift eines Pinguins auf einer Versicherungsurkunde gefälscht habe. Dann, im zweiten Akt, in der vierten Szene:

DORF: Oh, Netta. Alles ist verloren! Verloren!

NETTA: Für einen schwachen Menschen vielleicht, nicht aber, wenn man – Mut hätte.

DORF: Mut?

NETTA: Parson Smathers zu sagen, er könne nicht hoffen, je wieder zu gehen, und daß er für den Rest seines Lebens überallhin seilspringen müsse.

DORF: Netta! Ich könnte es nicht!

NETTA: Ha! Natürlich nicht! Ich hätte es wissen sollen.

DORF: Parson Smathers vertraut Eyowulf. Einst teilten sie miteinander ihren einzigen Kaugummi. Ja, bevor ich geboren war. Oh, Netta ...

NETTA: Hör auf zu jammern. Die Bank wird die Hypothek auf Eyowulfs Brezel niemals verlängern. Und die Hälfte davon hat er schon gegessen.

DORF: Netta, was hast du vor?

NETTA: Nichts, was tausend Frauen nicht für ihre Ehemänner täten. Ich meine, Eyowulf in Salzlauge einzulegen.

DORF: Meinen eigenen Bruder pökeln?

NETTA: Warum nicht? Was schuldest du ihm denn?

DORF: Aber solch drastische Maßnahmen! Netta, warum ihn nicht Vaters unaussprechliche Krankheit behalten lassen? Vielleicht könnten wir einen Kompromiß finden. Vielleicht würde er mir die Symptome überlassen.

NETTA: Kompromisse, ha! Deine Mittelstandsmentalität widert mich an! Oh, Moltvick, mich langweilt diese Ehe so! Deine Einfälle langweilen mich, deine Art, deine Gespräche. Und deine Angewohnheit, zum Essen eine Federboa zu tragen.

DORF: Oh! Nicht auch meine Federn!

NETTA (*voll Verachtung*): Ich werde dir jetzt etwas sagen, was nur ich und deine Mutter wissen. Du bist ein Zwerg.

DORF: *Was?*

NETTA: Alles im Haus ist maßstabsgerecht verkleinert worden. Du bist bloß einszwanzig groß.

DORF: Nicht! Nicht! Die Schmerzen kommen wieder!

NETTA: Ja, Moltvick!

DORF: Meine Kniescheiben – sie pochen!

NETTA: Welch ein Weichling.

DORF: Netta, Netta, öffne die Fensterläden ...

NETTA: Ich werde sie schließen.

DORF: Licht! Moltvick braucht Licht ...

Für Lovborg stellte Moltvick das alte, dekadente, sterbende Europa dar. Netta auf der anderen Seite war das Neue – die lebensssprühende, grausame, Darwinsche Naturgewalt, die die nächsten fünfzig Jahre durch Europa fegen und ihren tiefsten Ausdruck in den Chansons von Maurice Chevalier finden sollte. Die Beziehung zwischen Netta und Moltvick spiegelte Lovborgs Ehe mit Siri Brackmann wider, einer Schauspielerin, die ihm beständig als Inspiration diente, die ganzen acht Stunden hindurch, die ihre Ehe währte. Lovborg heiratete danach noch mehrere Male, doch stets Kaufhausmannequins.

Sicherlich die am rundesten gelungene Frau in allen Stücken Lovborgs war Frau Sanstad in *Weiche Birnen*, Lovborgs letztem naturalistischem Drama. (Nach den *Birnen* experimentierte er an einem expressionistischen Stück, in dem alle Rollen den Namen Lovborg tragen, aber es fand keinen Beifall, und die verbleibenden drei Jahre seines Lebens konnte man ihn nicht überreden, aus dem Frühstückskorb herauszukommen.) *Weiche Birnen* zählt zu seinen bedeutendsten Werken, und das entscheidende Wortgefecht zwischen Frau Sanstad und der Frau ihres Sohnes, Berte, ist heute vielleicht gültiger denn je.

BERTE: Sag nur, dir gefällt, wie wir das Haus möbliert haben! Es war so schwierig, mit dem Gehalt eines Bauchredners.

FRAU SANSTAD: Das Haus ist – brauchbar.

BERTE: Was! Nur brauchbar?

FRAU SANSTAD: Wessen Idee war der rote Satin-Elch?

BERTE: Nun, deines Sohnes. Henrik ist der geborene Dekorateur.

FRAU SANSTAD (*plötzlich*): Henrik ist ein Narr!

BERTE: Nein!

FRAU SANSTAD: Wußtest du, daß er bis letzte Woche nicht wußte, was Schnee ist?

BERTE: Du lügst!

FRAU SANSTAD: Mein reizender Sohn! Ja, Henrik – eben derselbe, der ins Gefängnis kam wegen falscher Aussprache des Wortes «Diphthong».

BERTE: Nein!

FRAU SANSTAD: Ja! Und mit einem Eskimo zur gleichen Zeit im Zimmer!

BERTE: Ich möchte nichts darüber hören!

FRAU SANSTAD: Doch, du wirst, meine kleine Nachtigall! Nennt dich Henrik nicht so?

BERTE (*weinend*): Er nennt mich Nachtigall! Ja, und manchmal Wiedehopf! Und Rhino!

(*Beide Frauen weinen hemmungslos.*)

FRAU SANSTAD: Berte, liebe Berte! ... Henriks Ohrwärmer sind nicht seine eigenen! Sie gehören einer Aktiengesellschaft.

BERTE: Wir müssen ihm helfen. Man muß ihm sagen, daß er nie wird fliegen können, indem er mit den Armen flattert.

FRAU SANSTAD (*plötzlich lachend*): Henrik weiß alles. Ich habe ihm von deinen Gefühlen gegenüber seinen Plattfußeinlagen erzählt.

BERTE: Aha! Du hast mich getäuscht.

FRAU SANSTAD: Nenn es, wie du willst. Er ist jetzt in Oslo.

BERTE: Oslo!

FRAU SANSTAD: Mit seiner Geranie ...

BERTE: Ich verstehe. Ich ... verstehe. (*Sie geht durch die Verandatür im Hintergrund der Bühne ab.*)

FRAU SANSTAD: Ja, meine kleine Nachtigall, endlich ist er aus deinen Klauen. Heute in einem Monat wird er seinen lebenslangen Traum verwirklicht haben – seinen Hut mit Asche zu füllen, und du dachtest, du könntest ihn hier gefangen halten! Nein! Henrik ist eine ungezähmte Kreatur, ein Geschöpf der Natur! Wie eine wunderschöne Maus – oder eine Zecke. (*Man hört einen Schuß. Frau Sanstad läuft ins Zimmer nebenan. Wir hören einen Schrei. Sie kommt bleich und wankend zurück.*) Tot ... Sie ist glücklich. Ich ... muß weitermachen. Ja, die Nacht sinkt ... sinkt schnell herab. So schnell, und ich muß noch all die Kichererbsen umordnen.

Frau Sanstad war Lovborgs Rache an seiner Mutter. Ebenfalls eine kunstverständige Frau, begann sie ihr Leben als Trapezartistin beim Zirkus; sein Vater, Nils Lovborg, war die menschliche Kanonenkugel. Die beiden trafen sich mitten in der Luft und waren verheiratet, ehe sie unten ankamen. Langsam schlich sich Bitterkeit in die Ehe, und als Lovborg schließlich sechs Jahre alt war, schossen seine Eltern täglich mit Pistolen aufeinander. Dieses Klima forderte seinen Tribut bei einem sensiblen Jüngling wie Jorgen, und bald begann er, an den ersten seiner berühmten

«Launen» und «Ängste» zu leiden, was ihn einige Jahre lang un-
fähig machte, an einem Brathähnchen vorbeizugehen, ohne an
seinen Hut zu tippen. In späteren Jahren erzählte er Freunden,
während der ganzen Niederschrift von *Weiche Birnen* sei er nervös gewesen und habe bei verschiedenen Gelegenheiten ge-
glaubt, die Stimme seiner Mutter zu hören, die ihn fragte, wie sie
nach Staten Island komme.

# Der Falke im Malteser

Eins hat man zu lernen, wenn man Privatschnüffler ist, nämlich sich auf seinen Animus zu verlassen. Deswegen hätte ich damals, als ein zitterndes Klümpchen Butter namens Word Babcock in mein Büro gewackelt kam und seine Karten auf den Tisch legte, dem kalten Schauder vertrauen sollen, der mir das Rückgrat hochschoß.

«Kaiser?» sagte er, «Kaiser Lupowitz?»

«Genau das steht auf meiner Zulassung», gestand ich.

«Sie müssen mir helfen. Ich werde erpreßt. Bitte!»

Er schlotterte wie der Leadsänger in 'ner Rumbatruppe. Ich schob ein Glas über den Schreibtisch und eine Flasche Whisky, die ich zu nichtmedizinischen Zwecken immer bereit habe. «Wie wär's, wenn Sie sich erst mal beruhigen und mir den ganzen Käse erzählen.»

«Sie ... Sie sagen's nicht meiner Frau?»

«Spucken Sie's aus, Word. Ich kann nichts versprechen.»

Er versuchte, einen Drink runterzukippen, aber man konnte das Scheppern bis über die Straße hören, und das meiste von dem Zeug lief ihm in die Schuhe.

«Ich bin 'n Typ, der arbeitet», sagte er, «mechanische Reparaturen. Ich baue und repariere Summsumms. Sie wissen schon – diese lustigen kleinen Trickdinger, die den Leuten 'n elektrischen Schlag versetzen, wenn sie sich die Hände schütteln.»

«Ach?»

«'ne Menge von euren Bossen haben die gern. Besonders unten an der Wall Street.»

«Kommen Sie zur Sache.»

«Ich komm viel rum. Sie wissen, wie das ist – einsam. Oh, nicht, was Sie denken. Sehn Sie mal, Kaiser, im Grunde bin ich 'n Intellektueller. Klar, ein Kerl kann alle Puppen haben, die er will. Aber die Frauen mit wirklich was auf'm Kasten – die sind nicht so leicht zu finden auf die Schnelle.»

«Erzählen Sie weiter.»

«Also, ich hörte von diesem jungen Mädchen. Achtzehn Jahre. Studentin in Vassar. Für 'n bestimmten Preis kommt sie und redet über jedes Thema – Proust, Yeats, Anthropologie. Gedankenaustausch. Sehen Sie, worauf ich hinauswill?»

«Nicht genau.»

«Ich meine, meine Frau ist 'ne Wucht, verstehen Sie mich nicht falsch. Aber sie will sich nicht mit mir über Pound unterhalten. Oder Eliot. Ich wußte das nicht, als ich sie heiratete. Sehen Sie, ich brauche eine Frau, die geistig anregend ist, Kaiser. Ich bin bereit, dafür zu zahlen. Ich brauche keine verwickelte Angelegenheit – ich will 'n schnelles geistiges Erlebnis, und dann will ich das Mädchen nicht mehr sehen. Lieber Himmel, Kaiser, ich bin glücklich verheiratet.»

«Wie lange geht das jetzt schon?»

«Sechs Monate. Immer wenn ich 'n Rappel kriege, rufe ich Flossie an. Sie ist 'ne Dame mit 'm Magister in Vergleichender Literaturwissenschaft. Sie schickt mir 'ne Intellektuelle rüber, verstehen Sie?»

Er war also einer von den Burschen, die eine Schwäche für wirklich gescheite Frauen haben. Der arme Trottel tat mir leid. Ich stellte mir vor, daß 'ne Menge Schwachköpfe in seiner Lage wären, die nach 'm kleinen intellektuellen *Tête-à-tête* mit dem anderen Geschlecht hungerten und dafür gehörig bluten mußten.

«Jetzt droht sie, es meiner Frau zu sagen», sagte er.

«Wer?»

«Flossie. Sie haben mir 'ne Wanze ins Hotelzimmer gesetzt. Sie haben Tonbänder von mir, wie ich gerade über *The Waste Land* und *Techniken des radikalen Willens* diskutiere und, na ja, wirklich ganz schön in Fahrt komme. Sie wollen zehn Riesen oder sie gehen zu Carla. Kaiser, Sie können mir helfen! Carla würde tot umfallen, wenn sie dahinterkäme, daß sie mich hier oben nicht auf Touren gebracht hat.»

Der alte Callgirl-Schwindel. Ich hatte Gerüchte gehört, daß die Jungs in der Zentrale an was dran waren, was mit 'ner Gruppe gebildeter Frauen zu tun hatte, aber bis jetzt wußten die auch nicht weiter.

«Holen Sie mir Flossie an die Strippe.»

«Was?»

«Ich übernehme Ihren Fall, Word. Aber ich kriege fünfzig

Dollar pro Tag, plus Spesen. Sie werden 'ne Menge Summsumms reparieren müssen.»

«Das wird mich aber nicht zehn Riesen kosten, da bin ich sicher», sagte er mit einem Grinsen, hob den Hörer ab und wählte eine Nummer. Ich nahm ihm das Telefon ab und zwinkerte ihm zu. Ich fing an, ihn zu mögen.

Sekunden später antwortete eine seidenweiche Stimme, und ich erzählte ihr, was ich auf dem Herzen hätte. «Ich nehme an, du kannst mir behilflich sein, 'ne Stunde mit'm guten Plausch auf die Beine zu stellen», sagte ich.

«Klar, Süßer. Was schwebt dir denn so vor?»

«Ich würde gerne über Melville reden.»

«*Moby Dick* oder die kleineren Romane?»

«Wo liegt der Unterschied?»

«Im Preis. Das ist alles. Symbolik geht extra.»

«Was kommt mich denn der Spaß?»

«Fünfzig, vielleicht hundert für *Moby Dick*. Willst du 'ne vergleichende Erörterung – Melville und Hawthorne? Das könnte man für hundert arrangieren.»

«Der Preis ist okay», erklärte ich und gab ihr die Nummer eines Zimmers im Plaza.

«Willst du eine Blonde oder 'ne Brünette?»

«Überrasch mich», sagte ich und legte auf.

Ich rasierte mich und goß schnell etwas schwarzen Kaffee runter, während ich ein paar Artikel im Literaturlexikon überflog. Es war kaum eine Stunde vergangen, als es an meiner Tür klopfte. Ich machte auf, und da stand da so ein junges Rotschöpfchen, das wie zwei dicke Kugeln Vanilleeis in seine Slacks gefüllt war.

«Hallo, ich bin Sherry.»

Die wußten wirklich, wie sie an deine Wunschträume appellieren mußten. Langes, glattes Haar, Lederhandtasche, silberne Ohrringe, kein Make-up.

«Mich wundert, daß sie dich nicht angehalten haben, wenn du in so'm Aufzug ins Hotel kommst», sagte ich. «Der Hausdetektiv riecht normalerweise 'n Intellektuellen fünf Meilen im voraus.»

«Fünf Scheinchen kühlen ihn wieder ab.»

«Wollen wir anfangen?» sagte ich und schob sie rüber zur Couch. Sie zündete sich 'ne Zigarette an und legte gleich los.

«Ich denke, wir könnten damit beginnen, daß wir uns *Billy Budd* als Rechtfertigung der Wege Gottes zum Menschen nähern, *n'est-ce-pas?*»

«Interessant, doch nicht im Miltonschen Sinne.» Ich bluffte. Ich wollte mal sehen, ob sie darauf eingehen würde.

«Nein. Dem *Verlorenen Paradies* mangelt der pessimistische Unterbau.» Sie tat's.

«Richtig, richtig. Mein Gott, du hast recht», murmelte ich.

«Ich denke, Melville stellte die Tugenden der Unschuld in einem naiven, doch raffinierten Sinne wieder her – meinst du nicht auch?»

Ich ließ sie weitermachen. Sie war knapp neunzehn, aber sie zeigte bereits die verhärtete Nachgiebigkeit der Pseudo-Intellektuellen. Sie ratterte ihre Sachen zungenfertig runter, aber es war alles Routine. Wenn ich 'ne tiefe Einsicht anbot, heuchelte sie 'ne Antwort drauf: «O ja, Kaiser. Ja, Kleiner, das ist tief. Ein platonisches Verständnis des Christentums – warum habe ich das nicht vorher erkannt?»

Wir redeten ungefähr 'ne Stunde, und dann sagte sie, sie müßte gehen. Sie stand auf, und ich stiftete ihr 'n Hunderter.

«Danke, Süßer.»

«Wo der herkommt, da sind noch 'ne Menge.»

«Was willst du damit sagen?»

Ich hatte ihre Neugier erregt. Sie setzte sich wieder hin.

«Angenommen, ich würde gerne – 'ne Party machen?» sagte ich.

«Was für 'ne Party?»

«Angenommen, ich wollte, daß ich Noam Chomsky von zwei Mädchen beigebogen kriegte?»

«Oh, Mann!»

«Wenn du's lieber vergessen würdest...»

«Du müßtest mit Flossie reden», sagte sie, «das würde dich ganz schön was kosten.»

Jetzt war's Zeit, die Schrauben anzuziehen. Ich zückte meine Privatdetektiv-Marke und teilte ihr mit, daß das 'ne Verhaftung wäre.

«Was?»

«Ich bin 'n Bulle, Süße, und über Melville für Geld zu quatschen, ist Paragraph 802. Du kannst dafür eingebuchtet werden.»

«Du Mistkerl!»

«Besser, du redest dir alles von der Leber, Baby. Es sei denn, du möchtest deine Geschichte unten in Alfred Kazins Büro loswerden, aber ich glaube, der wäre nicht allzu erfreut, sie zu hören.»

Sie fing an zu flennen. «Zeig mich nicht an, Kaiser», sagte sie, «ich brauchte das Geld, um meinen Magister fertigzumachen. Die haben mir das Stipendium verweigert. Zweimal. Oh, mein Gott.»

Nun strömte alles aus ihr heraus – die ganze Geschichte. Jugend in Central Park West, die sozialistischen Sommercamps, Brandeis. Sie war das Fräulein Jedermann, das man vor dem «Elgin» oder dem «Thalia» in der Schlange warten sieht oder das «sehr richtig» in Büchern über Kant an den Rand kritzelt. Bloß hatte sie irgendwo die verkehrte Kurve gekratzt.

«Ich brauchte Bargeld. 'ne Freundin sagte, sie wüßte 'n verheirateten Typen, dessen Frau nicht sehr viel los hat. Er hatte sich an Blake festgefressen. Den hatte sie nicht auf der Pfanne. Ich sagte, klar, für 'n bestimmten Preis würde ich mit ihm über Blake reden. Ich war zuerst nervös. Ich habe 'ne Menge zusammengesponnen. Er hat nichts gemerkt. Meine Freundin sagte, es gäbe noch welche. Oh, ich bin schon mal geschnappt worden. Ich wurde erwischt, wie ich Wilhelm Reich in einem geparkten Auto las, und einmal wurde ich in Tanglewood angehalten und gefilzt. Noch mal, und mein Punktekonto ist voll.»

«Dann bring mich zu Flossie.»

Sie knabberte auf ihrer Lippe rum und sagte: «Der Buchladen von Hunter College ist 'ne Deckadresse.»

«Ach?»

«Wie die Wettbüros, die vornedran zum Schein 'n Friseurgeschäft haben. Du wirst es sehen.»

Ich rief kurz im Hauptquartier an, und dann sagte ich zu ihr: «Okay, Süße, du bist aus dem Schneider. Aber verlaß die Stadt nicht.»

Sie hob ihr Gesicht dankbar an meines. «Ich kann dir Fotos von Dwight Macdonald besorgen, auf denen er liest», sagte sie.

«Andermal.»

Ich spazierte in den Buchladen vom Hunter College. Der Verkäufer, ein junger Mann mit empfindsamem Blick, kam auf mich zu. «Kann ich Ihnen helfen?» sagte er.

«Ich suche nach 'ner Spezialausgabe von *Werbung für mich*. Ich habe erfahren, der Autor hat einige tausend Exemplare für Freunde auf Blattgold drucken lassen.»

«Das muß ich feststellen», sagte er. «Wir haben eine telefonische Direktleitung zur zentralen Auslieferung.»

Ich nagelte ihn mit einem Blick fest. «Sherry schickt mich», sagte ich.

«Oh, in dem Fall gehen Sie nach hinten», sagte er. Er drückte auf einen Knopf. Eine Bücherwand öffnete sich, und ich wanderte wie ein Dummerchen in diesen geschäftigen Freudentempel hinein, der als «Flossie's» bekannt war.

Rote Samttapeten und viktorianische Ausstattung gaben den Ton an. Blasse, nervöse Mädchen mit schwarzrandigen Brillen und kurzgeschnippeltem Haar fläzten sich auf Sofas rum und blätterten aufreizend in *Penguin-Classics*. Eine Blondine zwinkerte mir mit breitem Grinsen zu, nickte in Richtung eines Zimmers einen Stock höher und sagte: «Wallace Stevens, na?» Aber es gab nicht bloß geistige Erlebnisse – sie hökerten auch mit welchen fürs Herz. Für fünfzig Scheinchen, erfuhr ich, könnte ich «mit einer reden, ohne in Hitze zu geraten». Für hundert würde dir ein Mädchen ihre Bartókplatten leihen, mit dir essen gehen und dich dann dabei zusehen lassen, wie sie einen Anfall nervöser Erregung kriegt. Für hundertfünfzig könnte man mit Zwillingen das 3. Programm im Radio hören. Für drei Hunderter kriegtest du alles, was sie zu bieten hatten: 'ne schlanke jüdische Brünette würde so tun, als gabelte sie dich zufällig im Museum of Modern Art auf, läßt dich ihre großen Lieblinge lesen, zieht dich im «Elaine's» in einen Mordskrach über Freuds Auffassung von der Frau rein und macht dir dann 'n Selbstmord nach deiner Wahl vor – der perfekte Abend für manchen Burschen. Netter Nepp. Große Stadt, New York.

«Gefällt's dir hier?» sagte eine Stimme hinter mir. Ich drehte mich um und stand plötzlich Auge in Auge mit dem Mündungsloch einer 38er. Ich bin ein Kerl mit 'm starken Magen, aber diesmal machte er 'n Salto rückwärts. Es war Flossie, okay. Die Stimme war dieselbe, aber Flossie war ein Mann. Sein Gesicht war hinter einer Maske versteckt.

«Du wirst es nie glauben», sagte er, «aber ich habe nicht mal 'n Collegeabschluß. Ich wurde wegen schlechter Noten rausgeschmissen.»

«Trägst du deshalb die Maske?»

«Ich heckte einen komplizierten Plan aus, um *The New York Review of Books* zu übernehmen, aber das bedeutete, ich müßte für Lionel Trilling gehalten werden. Ich ging nach Mexico zu 'ner Operation. Es gibt da 'n Arzt in Juarez, der macht den Leuten Trilling-Gesichter – für 'n bestimmten Preis. Irgendwas ging schief. Ich sah hinterher wie W. H. Auden aus, mit der Stimme von Mary McCarthy. Und da fing ich an, auf der anderen Seite des Gesetzes zu arbeiten.»

Schnell, bevor er den Finger am Drücker krumm machen konnte, trat ich in Aktion. Ich hechtete mich nach vorn, knallte ihm meinen Ellbogen über die Klappe und schnappte mir die Kanone, als er nach hinten fiel. Er ging zu Boden wie 'ne Tonne Backsteine. Er wimmerte immer noch, als die Polizei aufkreuzte.

«Gute Arbeit, Kaiser», sagte Sergeant Holmes. «Wenn wir mit dem Burschen fertig sind, will sich das FBI mit ihm unterhalten. 'ne kleine Sache, die was mit 'n paar Zockern und 'ner kommentierten Ausgabe von Dantes *Inferno* zu tun hat. Schafft ihn weg, Jungs.»

Später am selben Abend nahm ich mir eine meiner alten Rechnungen namens Gloria vor. Sie war blond. Sie hatte *cum laude* promoviert. Der Unterschied war, sie hatte im Hauptfach Leibeserziehung. War 'n tolles Gefühl.

# Tod
(Ein Stück)

*Der Vorhang öffnet sich, und Kleinmann liegt schlafend in seinem Bett. Es ist zwei Uhr nachts. Jemand hämmert an die Tür. Schließlich steht er mit großer Mühe, aber entschlossen auf.*

KLEINMANN: Ääh?

STIMMEN: Mach auf! He – mach schon, wir wissen, daß du da bist! Aufmachen! Komm schon, mach auf! ...

KLEINMANN: Ääh? Was?

STIMMEN: Komm schon, mach auf!

KLEINMANN: Was? Augenblick! (*Macht Licht*) Wer ist da?

STIMMEN: Komm schon, mach auf! Wir wollen los!

KLEINMANN: Wer ist da?

EINE STIMME: Wir wollen los, Kleinmann – beeil dich!

KLEINMANN: Hacker – das ist Hackers Stimme. Hacker?

EINE STIMME: Kleinmann, machst du endlich auf?!

KLEINMANN: Komme schon, komme schon. Ich hab geschlafen – Moment! (*Alles stolpernd und sehr mühsam und schwerfällig. Er sieht auf die Uhr*) Mein Gott, halb drei ... Komme, Augenblick bitte! (*Er macht die Tür auf, und ein halbes Dutzend Männer kommt herein*)

HANK: Du liebe Güte, Kleinmann, bist du taub?

KLEINMANN: Ich hab geschlafen. Es ist halb drei. Was ist denn los?

AL: Wir brauchen dich. Zieh dich an.

KLEINMANN: Was?

SAM: Laß uns gehen, Kleinmann. Wir haben nicht ewig Zeit.

KLEINMANN: Was heißt das?

AL: Komm schon, beweg dich.

KLEINMANN: Wohin bewegen? Hacker, es ist mitten in der Nacht.

HACKER: Komm, wach auf.

KLEINMANN: Was ist denn los?

JOHN: Stell dich nicht dumm.

KLEINMANN: Wer stellt sich denn dumm? Ich hab tief geschlafen.

44

Was meint ihr, was ich um halb drei morgens mache – tanzen?

HACKER: Wir brauchen jeden verfügbaren Mann.

KLEINMANN: Für was?

VICTOR: Was fehlt dir, Kleinmann? Wo bist du gewesen, daß du nicht weißt, was los ist?

KLEINMANN: Wovon redet ihr?

AL: Von Bürgerwachen.

KLEINMANN: Was?

AL: Bürgerwachen.

JOHN: Aber diesmal mit Plan.

HACKER: Und gut ausgearbeitet.

SAM: Ein großartiger Plan.

KLEINMANN: Äh, will mir mal jemand sagen, warum ihr hier seid? Mir ist nämlich kalt in meinen Unterhosen.

HACKER: Sagen wir einfach, wir brauchen jede Hilfe, die wir kriegen können. Jetzt zieh dich an.

VICTOR (*drohend*): Und Beeilung.

KLEINMANN: Okay, ich zieh mich an ... Darf ich bitte wissen, was das alles soll? (*Er fängt an, sich ängstlich eine Hose anzuziehen*)

JOHN: Der Mörder ist gesichtet worden. Von zwei Frauen. Sie sahen ihn in den Park gehen.

KLEINMANN: Welcher Mörder?

VICTOR: Kleinmann, jetzt ist keine Zeit zum Schwatzen.

KLEINMANN: Wer schwatzt denn? Welcher Mörder? Ihr kommt hier reingeplatzt – ich bin in tiefem Schlaf –

HACKER: Richardsons Mörder – Jampels Mörder.

AL: Mary Quiltys Mörder.

SAM: Der Irre.

HANK: Der Würger.

KLEINMANN: Welcher Irre? Welcher Würger?

JOHN: Derselbe, der Eislers Jungen umbrachte und Jensen mit einer Klaviersaite erwürgt hat.

KLEINMANN: Jensen? ... Den dicken Nachtwächter?

HACKER: Jawohl. Er hat ihn von hinten erwischt. Ist leise herangeschlichen und hat ihm die Klaviersaite ums Genick gelegt. Er war blau, als sie ihn fanden. Die Spucke am Mundwinkel geronnen.

KLEINMANN (*sieht sich im Zimmer um*): Tja, also, seht mal, ich muß morgen arbeiten ...

VICTOR: Laß uns gehen, Kleinmann. Wir müssen ihn aufhalten, bevor er wieder zuschlägt.

KLEINMANN: Wir? Wir und ich?

HACKER: Die Polizei scheint's nicht in den Griff zu kriegen.

KLEINMANN: Tja, dann sollten wir Briefe schreiben und uns beschweren. Ich werd das morgen früh als erstes tun.

HACKER: Sie tun, was sie können, Kleinmann. Sie stehen vor einem Rätsel.

SAM: Alle stehen vor einem Rätsel.

AL: Erzähl uns nicht, daß du von dem Ganzen nichts gehört hast.

JOHN: Das ist schwer zu glauben.

KLEINMANN: Also, die Wahrheit ist – wir sind mitten in der Saison ... Haben viel zu tun ... (*Sie kaufen ihm seine Naivität nicht ab*) Machen nicht mal Mittagspause – und ich esse gern ... Hacker kann euch erzählen, daß ich gern esse.

HACKER: Aber diese gruselige Geschichte läuft doch schon eine ganze Zeit. Hörst du keine Nachrichten?

KLEINMANN: Ich hab keine Gelegenheit.

HACKER: Alle sind verängstigt. Man traut sich nachts nicht auf die Straße.

JOHN: Nicht bloß Straße. Die Geschwister Simon wurden in ihrer eigenen Wohnung umgebracht, weil sie nicht abgeschlossen hatten. Die Kehlen von einem Ohr zum anderen durchgeschnitten.

KLEINMANN: Ich dachte, ihr hättet «Würger» gesagt.

JOHN: Kleinmann, sei nicht so naiv.

KLEINMANN: W-w-weil ihr's gerade erwähnt, könnte ich das Schloß in dieser Tür auswechseln lassen.

HACKER: Er ist schrecklich. Niemand weiß, wann er das nächste Mal zuschlägt.

KLEINMANN: Wann fing's denn an. Ich weiß nicht, warum man mir nichts gesagt hat.

HACKER: Erst eine Leiche, dann noch eine, dann noch mehr. Die Stadt ist in Panik. Alle, bis auf dich.

KLEINMANN: Also, ihr könnt euch beruhigen, jetzt bin ich auch in Panik.

HACKER: Es ist schwierig, wenn sich's um einen Verrückten dreht, weil's kein Motiv gibt. Nichts, woran man sich halten kann.

KLEINMANN: Keiner wurde beraubt oder vergewaltigt oder ein bißchen – gekitzelt?

VICTOR: Nur gewürgt.

KLEINMANN: Sogar Jensen ... Er ist so kräftig.

SAM: Er *war* kräftig. Gerade eben hängt ihm die Zunge heraus und er ist ganz blau.

KLEINMANN: Blau ... Eine häßliche Farbe für einen Mann von Vierzig ... Und es gibt keinen Hinweis? Ein Haar – oder einen Fingerabdruck?

HACKER: Ja. Sie haben ein Haar gefunden.

KLEINMANN: Na und? Heutzutage brauchen sie bloß ein einziges Haar. Legen's unter ein Mikroskop und eins, zwei, drei wissen sie die ganze Geschichte. Welche Farbe hat's?

HACKER: Deine.

KLEINMANN: Meine – sieh mich nicht so an ... Mir ist in letzter Zeit keins ausgegangen. Ich ... komm, laß uns nicht die Nerven verlieren ... Wichtig ist, logisch zu bleiben.

HACKER: Tja – ja.

KLEINMANN: Manchmal gibt's einen Hinweis bei den Opfern – zum Beispiel, alle sind Krankenschwestern oder alle sind glatzköpfig ... Oder glatzköpfige Krankenschwestern ...

JOHN: Kannst du uns sagen, wo der Zusammenhang liegt?

SAM: Genau. Zwischen Eislers Jungen und Mary Quilty und Jensen und Jampel –

KLEINMANN: Wenn ich mehr über den Fall wüßte ...

AL: Wenn er mehr über den Fall wüßte. Es *gibt* keinen Zusammenhang. Außer daß sie alle am Leben waren und jetzt alle tot sind. Das haben sie gemeinsam.

HACKER: Er hat recht. Keiner ist sicher, Kleinmann. Wenn du das etwa gedacht hättest.

AL: Wahrscheinlich will er sich selber Mut machen!

JOHN: Tjaa.

SAM: Es gibt kein Schema, Kleinmann.

VICTOR: Es sind nicht bloß Krankenschwestern.

AL: Keiner ist gefeit.

KLEINMANN: Ich hab nicht versucht, mir selber Mut zu machen. Ich habe nur eine simple Frage gestellt.

SAM: Also stellt nicht so viele verdammte Fragen. Wir haben zu tun.

VICTOR: Wir sind alle beunruhigt. Jeder kann der nächste sein.

KLEINMANN: Also, ich taug nicht zu solchen Sachen. Was versteh ich schon von Menschenjagd? Ich werde bloß im Weg stehen. Am besten, ich mache eine Geldspende. Das wird mein Beitrag sein. Laßt mich ein paar Dollar spendieren –

SAM (*findet bei der Kommode ein Haar*): Was ist das denn?

KLEINMANN: Was?

SAM: Das. In deinem Kamm. Ein Haar.

KLEINMANN: Weil ich mir damit die Haare kämme.

SAM: Dieselbe Haarfarbe wie bei dem Haar, das die Polizei gefunden hat.

KLEINMANN: Bist du verrückt? Das ist ein schwarzes Haar. Millionen von schwarzen Haaren gibt's auf der Welt. Warum steckst du es in einen Umschlag? Was – das ist was ganz Normales. Hier – (*zeigt auf John*) er – hat auch schwarzes Haar.

JOHN (*packt Kleinmann*): Wofür beschuldigst du mich, was, Kleinmann?

KLEINMANN: Wer beschuldigt hier?! Er hat mein Haar in einen Umschlag gesteckt. Gib mir das Haar wieder! (*Greift sich den Umschlag, aber John zieht ihn weg*)

JOHN: Laß ihn in Frieden.

SAM: Ich tue meine Pflicht.

VICTOR: Er hat recht. Die Polizei hat alle Bürger um Mithilfe gebeten.

HACKER: Ja. Jetzt haben wir einen Plan.

KLEINMANN: Was für einen Plan?

AL: Wir können doch auf dich zählen, nicht wahr?

VICTOR: Oh, auf Kleinmann können wir zählen. Er kommt im Plan vor.

KLEINMANN: Ich komme im Plan vor? Also, wie ist der Plan?

JOHN: Du wirst informiert, sei unbesorgt.

KLEINMANN: Er braucht mein Haar in dem Umschlag da?

SAM: Zieh dich einfach an und komm runter zu uns. Und beeil dich. Wir vertrödeln die Zeit.

KLEINMANN: Okay, aber gebt mir einen Wink, wie der Plan ist.

HACKER: Um Himmels willen, Beeilung, Kleinmann. Hier geht's um Leben und Tod. Du ziehst dich besser warm an. Draußen ist es kalt.

KLEINMANN: Okay, okay ... Erzählt mir nur den Plan. Wenn ich den Plan kenne, kann ich darüber nachdenken. (*Aber sie gehen und lassen Kleinmann allein, der sich nervös und ungeschickt anzieht*) Zum Kuckuck, wo ist mein Schuhanzieher ... Das ist doch lächerlich ... einen mitten in der Nacht zu wekken und mit so gräßlichen Neuigkeiten. Wozu bezahlen wir eigentlich die Polizei? Ich liege zusammengerollt in einem schönen warmen Bett und schlafe, und im nächsten Augenblick bin ich in irgendeinen Plan verwickelt, ein mordender Irrer, der hinter einem auftaucht und –

ANNA (*ein alter Hausdrachen, kommt unbemerkt mit einer Kerze herein, womit sie Kleinmann aus der Fassung bringt*): Kleinmann?

KLEINMANN (*dreht sich um, zu Tode erschrocken*): Wer ist da!!?

ANNA: Was?

KLEINMANN: Schleich dich um Gottes willen nicht so an mich ran!

ANNA: Ich hab Stimmen gehört.

KLEINMANN: Es waren ein paar Männer hier. Urplötzlich bin ich in einem Selbstschutzkomitee.

ANNA: Jetzt?

KLEINMANN: Anscheinend ist ein Mörder los – es hat nicht Zeit bis morgen. Er ist eine Nachteule.

ANNA: Ach, der Irre.

KLEINMANN: Wenn du davon gewußt hast, warum hast du mir nichts erzählt?

ANNA: Weil du jedesmal, wenn ich dir davon zu erzählen versuche, nichts hören willst.

KLEINMANN: Wer will das nicht?

ANNA: Du bist immer zu beschäftigt mit deiner Arbeit – und deinen Hobbies.

KLEINMANN: Wundert's dich, wenn wir mitten in der Saison sind?

ANNA: Ich habe zu dir gesagt, es gibt einen ungelösten Mord, zwei ungelöste Morde, sechs ungelöste Morde – und alles, was du sagtest, ist: «Später, später!»

KLEINMANN: Wegen der Zeiten, die du dir aussuchst, um mir das zu erzählen.

ANNA: Jaa?

KLEINMANN: Meine Geburtstagsfeier. Ich amüsiere mich also, packe Geschenke aus, da kommst du mit so einem langen Gesicht angeschlichen und sagst: «Hast du's in der Zeitung gelesen? Einem Mädchen ist die Kehle durchgeschnitten worden?» Konntest du dir keine geeignetere Zeit aussuchen? Kaum hat man ein bißchen Spaß – schon ertönen die Stimmen des Jüngsten Gerichts.

ANNA: Wenn's nicht was Schönes ist, ist keine Zeit die richtige.

KLEINMANN: Wo ist übrigens mein Schlips?

ANNA: Wozu brauchst du einen Schlips? Gehst du nicht einen Irren jagen?

KLEINMANN: Stört's dich?

ANNA: Was ist das denn, eine Galajagd?

KLEINMANN: Weiß ich, wen ich treffe? Und wenn mein Chef da unten ist?

ANNA: Ich bin sicher, er ist salopp gekleidet.

KLEINMANN: Sieh dir an, wen sie engagieren, um einen Mörder aufzuspüren. Ich bin Verkäufer.

ANNA: Paß auf, daß er nicht hinter dir ist.

KLEINMANN: Danke, Anna, ich werd's ihm ausrichten, daß er immer vor mir bleiben soll.

ANNA: Ach, du mußt nicht so gehässig sein. Er muß doch gefangen werden.

KLEINMANN: Dann laß die Polizei ihn fangen. Ich hab Angst, da runter zu gehen. Es ist kalt und finster.

ANNA: Sei einmal in deinem Leben ein Mann.

KLEINMANN: Du hast gut reden, du gehst wieder ins Bett.

ANNA: Und was, wenn er zu diesem Haus findet und zum Fenster reinkommt?

KLEINMANN: Dann sitzt du in der Tinte.

ANNA: Wenn ich angefallen werde, blase ich ihm Pfeffer ins Gesicht.

KLEINMANN: Du bläst was?

ANNA: Ich schlafe immer mit etwas Pfeffer am Bett. Und wenn er mir nahe kommt, blas ich ihm den Pfeffer in die Augen.

KLEINMANN: Tolle Idee, Anna. Glaub mir, wenn er hier reinkommt, bist du und dein Pfeffer verratzt.

ANNA: Ich schließ alles zweimal rum.

KLEINMANN: Hhm, vielleicht nehm ich doch etwas Pfeffer mit.

ANNA: Nimm das hier. (*Sie gibt ihm ein Amulett*)

KLEINMANN: Was ist das?

ANNA: Ein Amulett, das Böses abwendet. Ich hab's von einem lahmen Bettler gekauft.

KLEINMANN (*sieht es sich an, unbeeindruckt*): Sehr schön. Und nun noch ein bißchen Pfeffer bitte.

ANNA: Oh, sei unbesorgt, du bist da unten ja nicht allein.

KLEINMANN: Das stimmt. Sie haben einen sehr gescheiten Plan.

ANNA: Was für einen?

KLEINMANN: Weiß ich noch nicht.

ANNA: Wie kannst du dann wissen, daß er gescheit ist?

KLEINMANN: Weil die da die besten Köpfe unserer Stadt sind. Glaub mir, die wissen, was sie tun.

ANNA: Das hoff ich, um deinetwillen.

KLEINMANN: Okay, halt die Tür verschlossen und mach sie keinem auf – nicht mal mir, es sei denn, ich schreie zufällig: «Tür auf!» Dann mach sie schnell auf.

ANNA: Viel Glück, Kleinmann.

KLEINMANN (*wirft einen Blick aus dem Fenster in die schwarze Nacht*): Sieh dir das da draußen an ... Es ist so finster ...

ANNA: Ich sehe niemanden.

KLEINMANN: Ich auch nicht. Man sollte meinen, da wären Scharen von Bürgern mit Fackeln oder irgendwas –

ANNA: Na ja, solange sie einen Plan haben. (*Pause*)

KLEINMANN: Anna –

ANNA: Ja?

KLEINMANN (*sieht in die Finsternis*): Denkst du jemals ans Sterben?

ANNA: Warum sollte ich ans Sterben denken? Warum, tust du's?

KLEINMANN: Normalerweise nicht, aber wenn ich's tue, dann stelle ich mir nicht vor, erwürgt zu werden oder die Kehle durchgeschnitten zu bekommen.

ANNA: Das möchte ich nicht hoffen.

KLEINMANN: Ich denke schöner zu sterben.

ANNA: Glaub mir, es gibt viele schönere Arten.

KLEINMANN: Zum Beispiel?

ANNA: Zum Beispiel? Du fragst mich nach einer schöneren Art zu sterben?

KLEINMANN: Ja.

ANNA: Ich denke nach.

KLEINMANN: Tjaa.

ANNA: Gift.

KLEINMANN: Gift? Das ist schrecklich.

ANNA: Warum denn?

KLEINMANN: Machst du Witze? Man kriegt Krämpfe.

ANNA: Nicht unbedingt.

KLEINMANN: Weißt du, wovon du redest?

ANNA: Zyankali.

KLEINMANN: Oh ... meine Spezialistin. Du erwischst mich nicht mit Gift! Du weißt, wie das ist, wenn du nur eine schlechte Muschel ißt?

ANNA: Das ist nicht Gift, das ist eine Lebensmittelvergiftung.

KLEINMANN: Wer will schon was schlucken?

ANNA: Also, wie möchtest du sterben?

KLEINMANN: Im hohen Alter. Erst in vielen Jahren. Wenn ich die lange Reise des Lebens hinter mir habe. In einem bequemen Bett, von Verwandten umgeben – wenn ich neunzig bin.

ANNA: Aber das ist doch ein Traum. Ganz offensichtlich könnte dir jeden Augenblick ein blutrünstiger Mörder das Genick brechen – oder dir die Kehle durchschneiden ... Nicht wenn du neunzig bist, genau jetzt.

KLEINMANN: Es ist so tröstlich, mit dir darüber zu reden, Anna.

ANNA: Schön, ich mach mir Sorgen um dich. Sieh dir das an, da unten. Ein Mörder ist los, und es gibt viele Stellen, wo man sich in so einer finsteren Nacht verstecken könnte – Gassen, Toreingänge, unter der Eisenbahnbrücke ... Du würdest ihn im Dunkeln nie sehen – ein kranker Geist, der in der Nacht mit einer Klaviersaite auf der Lauer liegt –

KLEINMANN: Du hast mich überzeugt – ich geh wieder ins Bett!

(*Man hört Klopfen an der Tür und eine Stimme*)

STIMME: Los, gehen wir, Kleinmann!

KLEINMANN: Komme schon, komme schon. (*Er küßt Anna*) Bis später.

ANNA: Paß auf, wo du hingehst.

(*Er geht hinaus und stößt auf Al, der dagelassen worden ist, um dafür zu sorgen, daß Kleinmann alles richtig versteht*)

KLEINMANN: Ich weiß nicht, warum ich plötzlich dafür verantwortlich bin.

AL: Wir stecken alle zusammen drin.

KLEINMANN: Es wird noch mein Glück sein, ich werde derjenige sein, der ihn findet. Oh, ich hab meinen Pfeffer vergessen!

AL: Was?

KLEINMANN: He, wo sind denn alle!

AL: Sie mußten weiter. Genaue Zeiteinteilung ist wichtig, wenn man den Plan einhalten will.

KLEINMANN: Also, was ist das denn für ein großartiger Plan?

AL: Das wirst du schon rauskriegen.

KLEINMANN: Wann wollt ihr mir ihn denn erzählen? Nachdem er gefangen ist?

AL: Sei nicht so ungeduldig.

KLEINMANN: Komm – es ist spät, mir ist kalt. Ganz zu schweigen von meinen Nerven.

AL: Hacker und die anderen mußten weg. Aber er hat gesagt, man sollte dir sagen, du bekämst so schnell wie möglich Bescheid, welche Rolle du im Plan spielst.

KLEINMANN: Hacker hat das gesagt?

AL: Ja.

KLEINMANN: Was soll ich denn jetzt machen, wo ich aus meinem Zimmer und aus meinem warmen Bett bin?

AL: Du wartest.

KLEINMANN: Auf was?

AL: Auf Bescheid.

KLEINMANN: Welchen Bescheid?

AL: Bescheid, welche Rolle du im Plan spielst.

KLEINMANN: Ich geh wieder heim.

AL: Nein! Wag das bloß nicht. Eine falsche Bewegung an dem Punkt könnte unser aller Leben gefährden. Glaubst du, ich will als Leiche enden?

KLEINMANN: Dann erzähl mir doch den Plan.

AL: Ich kann ihn dir nicht erzählen.

KLEINMANN: Warum nicht?

AL: Weil ich ihn nicht kenne.

KLEINMANN: Schau mal, es ist eine kalte Nacht –

AL: Jeder von uns kennt nur einen kleinen Bruchteil des Gesamt-
plans und zu jedem bestimmten Augenblick – seine eigene
Aufgabe –, und keiner darf seine Funktion einem anderen mit-
teilen. Es ist eine Vorkehrung dagegen, daß der Irre den Plan
rauskriegt. Wenn jeder seinen Teil genau ausführt, dann wird
das ganze Programm zu einem erfolgreichen Abschluß gebracht. Bis dahin darf der Plan weder leichtfertig aufgedeckt
noch unter Druck oder Drohungen aufgegeben werden. Jeder
einzelne kann nur für ein winziges Teilchen Verantwortung
tragen, das für den Irren keine Bedeutung hätte, sollte er Zu-
gang dazu erlangen. Schlau?

KLEINMANN: Brillant. Ich weiß nicht, was vor sich geht, und
gehe nach Hause.

AL: Ich kann nichts weiter sagen. Angenommen, du hast all die
Leute umgebracht.

KLEINMANN: Ich?

AL: Jeder von uns könnte der Mörder sein.

KLEINMANN: Also, ich bin's nicht. Ich geh nicht mitten in der
Saison in der Gegend rum und hacke Leute tot.

AL: Tut mir leid, Kleinmann.

KLEINMANN: Also, was soll ich tun? Was ist meine Aufgabe?

AL: An deiner Stelle würde ich versuchen, so gut ich könnte,
meinen Beitrag zu leisten, bis mir meine Funktion klarer würde.

KLEINMANN: Wie meinen Beitrag zu leisten?

AL: Es ist schwierig, deutlicher zu werden.

KLEINMANN: Kannst du mir keinen Fingerzeig geben? Ich komm
mir langsam wie ein Idiot vor.

AL: Manches mag chaotisch erscheinen, ist es aber nicht.

KLEINMANN: Aber es war so eilig, mich hier rauszukriegen. Jetzt
bin ich hier und bereit, und alle sind weg.

AL: Ich muß gehen.

KLEINMANN: Was war denn so dringend? ... Gehen? Was meinst
du damit?

AL: Hier ist meine Arbeit beendet. Ich muß woanders hin.

KLEINMANN: Das heißt, ich bleib hier alleine auf der Straße.

AL: Vielleicht.

KLEINMANN: Überhaupt nicht vielleicht. Wenn wir beide hier sind und du gehst weg, bleib ich allein. Das ist mathematisch.

AL: Gib acht.

KLEINMANN: O nein, ich bleib hier nicht allein! Du machst wohl Witze! Ein Verrückter ist in der Gegend! Ich vertrag mich nicht mit Verrückten! Dazu bin ich zu sehr Logiker!

AL: Der Plan erlaubt uns nicht, zusammenzusein.

KLEINMANN: Komm, wir wollen doch keine Liebesgeschichte daraus machen. *Wir* müssen ja nicht zusammen sein. Ich und irgendwelche zwölf starken Männer reichen.

AL: Ich muß gehen.

KLEINMANN: Ich will hier nicht alleine sein. Ich mein's ernst.

AL: Paß einfach auf.

KLEINMANN: Sieh mal, meine Hand zittert – und du bist noch nicht mal weg! Du gehst, und ich zitter von Kopf bis Fuß.

AL: Kleinmann, von dir hängt das Leben anderer ab. Enttäusche uns nicht.

KLEINMANN: Ihr solltet nicht auf mich zählen. Ich habe große Angst vorm Tod! Ich täte beinahe alles lieber als sterben!

AL: Viel Glück!

KLEINMANN: Und was ist mit dem Irren? Gibt's irgendwelche weiteren Neuigkeiten? Ist er wieder gesichtet worden?

AL: Die Polizei hat eine große, furchterregende Gestalt in der Nähe der Eisfabrik herumschleichen sehen. Aber niemand weiß etwas Bestimmtes. *(Geht ab. Wir hören seine Schritte immer leiser werden)*

KLEINMANN: Mir reicht's! Von der Eisfabrik halte ich mich fern! *(Allein – Windgeräusche)* Junge, Junge, nichts schöner als eine Nacht in der Stadt. Ich weiß nicht, warum ich nicht einfach zu Hause warten kann, bis mir eine bestimmte Aufgabe gegeben wird. Was war das für ein Geräusch!? Der Wind – der Wind ist auch nicht allzu aufregend. Er könnte mir ein Zeichen zuwehen. Na ja, ich muß Ruhe bewahren ... Die Leute zählen auf mich ... Meine Augen offenhalten, und wenn ich was Verdächtiges sehe, werd ich's den andern melden … Außer es sind keine anderen da … Ich muß dran denken, daß ich bei nächster Gelegenheit noch ein paar mehr Freundschaften schließe … Wenn ich eine oder zwei Straßen weiterginge, würde ich vielleicht auf ein paar von den anderen stoßen … Wie weit könnten sie gekommen sein? Es sei denn, das ist es, was sie wollen. Vielleicht ist das ein Teil des Plans. Vielleicht hat mich Hacker, wenn was Gefährliches passiert, irgendwie unter Aufsicht, und alle kämen mir zu Hilfe … (*lacht nervös*) Ich bin sicher, sie haben mich nicht allein gelassen, damit ich ganz allein durch die Straßen wandere. Sie müssen sich klar sein, daß ich einem wahnsinnigen Mörder nicht gewachsen bin. Ein Irrer hat die Kräfte von zehn, und ich hab die Kräfte von einem halben … Außer, sie benützen mich als Köder … Meinst du, sie würden das tun? Mich wie ein Lamm hier draußen lassen? … Der Mörder fällt über mich her, und sie brechen schnell hervor und ergreifen ihn – außer, sie brechen langsam hervor … Ich hatte nie ein kräftiges Genick. (*Eine schwarze Gestalt läuft im Hintergrund vorbei*) Was war das? Vielleicht sollte ich zurückgehen … Allmählich entferne ich mich zu weit vom Ausgangspunkt … Wie sollen sie mich finden, um mir meine Anweisungen zu geben? Nicht nur das, ich gehe auf einen Teil der Stadt zu, in dem ich mich nicht auskenne … und was dann? Ja – vielleicht kehr ich besser um und geh denselben Weg zurück, ehe ich mich völlig verirre … (*Er hört langsame, drohende Schritte auf sich zukommen*) Oh, oh … Das sind Schritte – wahrscheinlich hat der Irre Füße … Oh, Gott, rette mich …

ARZT: Kleinmann, sind Sie's?

KLEINMANN: Was? Wer ist da?

ARZT: Es ist bloß der Doktor.

KLEINMANN: Sie haben mir aber Angst gemacht. Sagen Sie, haben Sie irgendwas von Hacker oder einem der anderen gehört?

ARZT: Was Ihre Mitwirkung betrifft?

KLEINMANN: Ja. Zeit wird vertrödelt, und ich wandere wie ein Idiot in der Gegend herum. Ich meine, ich halte die Augen offen, aber wenn ich wüßte, was man von mir erwartet –

ARZT: Hacker erwähnte irgendwas über Sie.

KLEINMANN: Was?

ARZT: Ich kann mich nicht erinnern.

KLEINMANN: Fabelhaft. Ich bin der vergessene Mann.

ARZT: Ich glaube, ich habe ihn was sagen hören. Ich bin nicht sicher.

KLEINMANN: Kommen Sie, warum machen wir die Runde nicht zusammen? Für den Fall, daß es Schwierigkeiten gibt.

ARZT: Ich kann nur ein kurzes Stück mit Ihnen gehen, dann habe ich was anderes zu tun.

KLEINMANN: Es ist ulkig, einen Arzt mitten in der Nacht wach zu sehen ... Ich weiß, wie ihr Burschen Hausbesuche haßt. Ha-ha-ha-ha. (*Keine Reaktion*) Es ist eine sehr kalte Nacht ... (*Keine Reaktion*) Sie, äh – Sie meinen, wir werden ihn heute nacht sichten? (*Keine Reaktion*) Ich nehme an, Sie haben eine wichtige Aufgabe in dem Plan zu erfüllen? Sehen Sie, meine kenne ich noch gar nicht.

ARZT: Mein Interesse ist rein wissenschaftlich.

KLEINMANN: Davon bin ich überzeugt.

ARZT: Hier gibt es eine Chance, etwas über das Wesen seiner Verrücktheit zu erfahren. Warum ist er, wie er ist? Was treibt jemanden zu so einem antisozialen Verhalten? Hat er irgendwelche anderen ungewöhnlichen Eigenschaften? Gerade der Drang, der einen Irren zum Morden bringt, spornt ihn manchmal zu höchst schöpferischen Resultaten an. Das ist ein sehr kompliziertes Phänomen. Ich würde auch gern wissen, ob er schon seit Geburt verrückt ist, oder ob seine Verrücktheit durch irgendeine Krankheit oder einen Unfall verursacht wurde, die sein Gehirn beschädigt haben, oder von der Belastung durch widrige Umstände insgesamt herrührt. Es gibt eine Million Fakten zu studieren. Zum Beispiel: Warum zieht er es vor, seinem Drang im Akt des Mordens Ausdruck zu verleihen? Tut er es aus freiem Willen oder bildet er sich ein, Stimmen zu hören? Sie wissen, daß einst angenommen wurde, die Verrückten seien von Gott erleuchtet. All das ist wert, für den schriftlichen Bericht untersucht zu werden.

KLEINMANN: Klar, aber erst müssen wir ihn schnappen.

ARZT: Ja, Kleinmann, wenn ich meinen Willen durchsetze, wird man mir Muße geben, dieses Geschöpf peinlich genau zu untersuchen, es bis zum letzten Chromosom hinunter zu sezieren. Ich möchte jede seiner Zellen unters Mikroskop legen. Sehen, woraus er besteht. Seine Säfte analysieren, sein Blut auflösen, sein Gehirn gründlich erforschen, bis ich einen hundertprozentigen Begriff davon habe, was exakt er in jeder Hinsicht ist.

KLEINMANN: Können Sie jemals wirklich einen Menschen kennen? Ich meine, ihn kennen – nicht ihn erkennen, sondern ihn kennen – ich meine, ihn tatsächlich kennen – sofern Sie ihn kennen – ich spreche davon, einen Menschen zu kennen – Sie erkennen, was ich mit kennen meine? Kennen. Wirklich kennen. Kennen. Ihn kennen. Kennen können.

ARZT: Kleinmann, Sie sind ein Idiot.

KLEINMANN: Begreifen Sie, was ich sagen will?

ARZT: Sie tun Ihre Arbeit und ich meine.

KLEINMANN: Ich weiß nicht, was ich tun soll.

ARZT: Dann kritisieren Sie nicht.

KLEINMANN: Wer kritisiert denn? (*Ein Schrei ist zu hören. Sie schrecken auf*) Was war das?

ARZT: Hören Sie keine Schritte hinter uns?

KLEINMANN: Ich höre schon Schritte hinter mir, seit ich acht bin.

(*Wieder ein Schrei*)

ARZT: Es kommt jemand.

KLEINMANN: Vielleicht mochte er nicht das ganze Gerede darüber, wie er seziert wird.

ARZT: Man verzieht sich wohl besser, Kleinmann.

KLEINMANN: Mit Vergnügen.

ARZT: Schnell! Da lang!

(*Geräusch von jemandem, der schwerfällig näherkommt*)

KLEINMANN: Dieser Weg ist eine Sackgasse.

ARZT: Ich weiß, was ich tue.

KLEINMANN: Ja, ja, aber wir werden eingeschlossen und umgebracht!

ARZT: Wollen Sie etwa mit mir streiten? Ich bin Arzt.

KLEINMANN: Aber ich weiß, daß diese Gasse – sie ist eine Sackgasse. Da gibt's keinen Weg raus!

ARZT: Auf Wiedersehen, Kleinmann. Tun Sie, was Sie wollen!

(*Er läuft in die Sackgasse*)

KLEINMANN (*ruft ihm nach*): Warten Sie – es tut mir leid! (*Man hört jemanden näherkommen*) Ich muß ruhig bleiben! Renn ich weg oder versteck ich mich? Ich renn weg und versteck mich!

(*Er rennt los und stößt mit einer jungen Frau zusammen*) Uuuf!

GINA: Oh!

KLEINMANN: Wer sind Sie?

GINA: Wer sind Sie?

KLEINMANN: Kleinmann. Hörten Sie keine Schreie?

GINA: Ja, und ich bekam Angst. Ich weiß nicht, wo sie herkamen.

KLEINMANN: Das ist egal. Hauptsache ist, daß es Schreie waren, und Schreie sind nie was Gutes.

GINA: Ich fürchte mich!

KLEINMANN: Gehen wir doch von hier weg!

GINA: Ich kann nicht zu weit gehen. Ich hab was zu tun.

KLEINMANN: Sind Sie auch mit im Plan?

GINA: Sie nicht auch?

KLEINMANN: Noch nicht. Anscheinend kann ich nicht rausfinden, was ich tun soll. Sie haben nicht irgendwie zufällig was über mich gehört?

GINA: Sie heißen Kleinmann.

KLEINMANN: Genau.

GINA: Ich hab irgendwas über einen Kleinmann gehört. Ich weiß nicht mehr, was.

KLEINMANN: Sie wissen, wo Hacker ist?

GINA: Hacker ist ermordet worden.

KLEINMANN: Was!?

GINA: Ich glaube, es war Hacker.

KLEINMANN: Hacker ist tot?

GINA: Ich bin nicht sicher, ob sie gesagt haben, Hacker oder jemand anderer.

KLEINMANN: Keiner ist vor etwas sicher! Keiner weiß was! Das ist vielleicht ein Plan! Wir fallen wie Fliegen!

GINA: Vielleicht war's nicht Hacker.

KLEINMANN: Sehen wir zu, daß wir hier wegkommen. Ich bin da weggegangen, wo ich sein sollte, und sie suchen wahrscheinlich nach mir, und bei meinem Glück werden sie mir die Schuld geben, wenn der Plan mißlingt.

GINA: Ich kann mich nicht erinnern, wer tot ist. Hacker oder Maxwell.

KLEINMANN: Ich werd Ihnen sagen, wie's ist, es ist schwer, am Ball zu bleiben. Und was treibt eine junge Frau wie Sie draußen auf der Straße? Das ist Männersache.

GINA: Ich bin an die Straßen nachts gewöhnt.

KLEINMANN: Oh?

GINA: Ja, ich bin Prostituierte.

KLEINMANN: Spaß beiseite. Jessas, ich hab noch nie eine gesehen … Ich dachte, Sie wären größer.

GINA: Ich bring Sie doch nicht in Verlegenheit, oder?

KLEINMANN: Um Ihnen die Wahrheit zu sagen, ich bin sehr spießig.

GINA: Ja?

KLEINMANN: Ich, äh – ich bin um diese Zeit eigentlich nie wach. Ich meine, *nie*. Es ist mitten in der Nacht. Es sei denn, ich bin krank oder was – aber wenn mir nicht entsetzlich übel ist, schlaf ich wie ein Baby.

GINA: Na ja, auf jeden Fall sind Sie in einer klaren Nacht draußen.

KLEINMANN: Ja.

GINA: Man kann eine Menge Sterne sehen.

KLEINMANN: Eigentlich bin ich sehr nervös. Ich wär lieber zu Hause im Bett. Nachts ist es unheimlich. Alle Läden sind zu. Es gibt keinen Verkehr. Man kann auf der Straße spazieren … Keiner hält einen an …

GINA: Na, das ist doch schön, nicht wahr?

KLEINMANN: Äh – das ist ein ulkiges Gefühl. Es gibt keine Zivilisation … Ich könnte mir die Hosen ausziehn und nackt die Hauptstraße runterlaufen.

GINA: Mmhmm.

KLEINMANN: Ich meine, ich würd's nicht machen, aber ich könnte.

GINA: Für mich ist die Stadt nachts so kalt und dunkel und leer. So ähnlich muß es im Weltraum sein.

KLEINMANN: Um den Weltraum hab ich mich nie gekümmert.

GINA: Aber Sie sind im Weltraum. Wir sind bloß dieser dicke runde Ball, der im Raum schwebt ... Man kann nicht sagen, wo oben ist.

KLEINMANN: Finden Sie das schön? Ich bin ein Mensch, der gerne weiß, wo oben und wo unten und wo das Bad ist.

GINA: Meinen Sie, daß es auf irgend einem von den Billionen Sternen da draußen Leben gibt?

KLEINMANN: Persönlich weiß ich das nicht. Obwohl ich gehört habe, daß es Leben auf dem Mars geben könnte, aber der Bursche, der mir das erzählt hat, ist bloß in der Strickwarenbranche.

GINA: Und alles geht ewig weiter.

KLEINMANN: Wie kann es ewig weitergehen? Früher oder später muß es aufhören, nicht wahr? Ich meine, früher oder später muß es enden, und da ist dann, äh – eine Mauer oder was – denken Sie doch logisch!

GINA: Wollen Sie damit sagen, daß das Universum endlich ist?

KLEINMANN: Ich sage gar nichts. Ich möchte nicht reingezogen werden. Ich möchte wissen, was man von mir zu tun erwartet.

GINA (darauf zeigend): Da können Sie die Gemini sehen ... die Zwillinge ... und Orion den Jäger ...

KLEINMANN: Wo sehen Sie denn Zwillinge? Die sehen sich doch kaum ähnlich.

GINA: Sehen Sie nur, der winzige Stern da draußen ... ganz allein. Man kann ihn kaum sehen.

KLEINMANN: Sie wissen, wie weit weg das sein muß? Ich würde es Ihnen nicht sagen wollen.

GINA: Wir sehen das Licht, das den Stern vor Millionen von Jahren verließ. Erst jetzt kommt's bei uns an.

KLEINMANN: Ich weiß, was Sie meinen.

GINA: Wußten Sie, daß das Licht 300000 Kilometer in der Sekunde zurücklegt?

KLEINMANN: Das ist zu schnell, wenn Sie mich fragen. Ich genieße gern die Dinge. Es gibt keine Gemütlichkeit mehr.

GINA: Soviel wir wissen, verschwand dieser Stern vor Millionen von Jahren, und das Licht hat mit seiner Geschwindigkeit von 300000 Kilometern pro Sekunde Millionen von Jahren gebraucht, um zu uns zu gelangen.

KLEINMANN: Wollen Sie damit sagen, daß der Stern gar nicht mehr da draußen sein könnte?

GINA: Genau.

KLEINMANN: Obwohl ich ihn mit eigenen Augen sehe?

GINA: Genau.

KLEINMANN: Das ist sehr beängstigend, denn wenn ich etwas mit eigenen Augen sehe, stelle ich mir gerne vor, daß es da ist. Ich meine, wenn das wahr ist, könnten sie alle, wie der da – alle verglüht sein, nur kriegen wir die Nachricht wirklich spät.

GINA: Kleinmann, wer weiß schon, was wirklich ist?

KLEINMANN: Wirklich ist, was man anfassen kann.

GINA: Oh? (*Er küßt sie; sie reagiert leidenschaftlich*) Das macht sechs Dollar, bitteschön.

KLEINMANN: Für was?

GINA: Sie hatten ein bißchen Spaß, nicht?

KLEINMANN: Ein bißchen, ja ...

GINA: Na also, ich bin geschäftlich hier.

KLEINMANN: Ja, aber sechs Dollar für ein kleines Küßchen. Für sechs Dollar könnte ich mir einen Schal kaufen.

GINA: Okay, geben Sie mir fünf Dollar.

KLEINMANN: Küssen Sie nie gratis?

GINA: Kleinmann, das ist ein Geschäft. Zum Vergnügen küsse ich nur Frauen.

KLEINMANN: Frauen? Was für ein Zufall ... Ich auch.

GINA: Ich muß gehen.

KLEINMANN: Ich wollte Sie nicht beleidigen –

GINA: Haben Sie ja nicht. Ich muß gehen.

KLEINMANN: Ist alles in Ordnung?

GINA: Ich habe meine Aufgabe auszuführen. Viel Glück. Ich hoffe, Sie kommen drauf, was man von Ihnen erwartet.

KLEINMANN (*ruft ihr nach*): Ich wollte mich nicht wie ein Tier benehmen – ich bin wirklich einer der nettesten Menschen, die ich kenne! (*Und er ist allein, während ihre Schritte verhallen*) Also, jetzt reicht's mir. Ich geh heim und damit Schluß. Bloß werden sie dann morgen vorbeikommen und fragen, wo ich war. Sie werden sagen, der Plan ist schiefgegangen, Kleinmann, und das ist deine Schuld. Wieso ist es meine Schuld? Was macht das? Sie finden einen Weg. Sie brauchen einen Sündenbock. Das ist wahrscheinlich meine Rolle im Plan. Ich bin immer schuld, wenn nichts funktioniert. Ich – (*er hört Stöhnen*) Was? Wer ist das!?

ARZT (*schleppt sich auf die Bühne, zu Tode verwundet*): Kleinmann –

KLEINMANN: Doktor!

ARZT: Ich sterbe.

KLEINMANN: Ich hole einen Arzt.

ARZT: Ich bin Arzt.

KLEINMANN: Ja, aber Sie sind ein sterbender Arzt.

ARZT: Zu spät – er hat mich erwischt ... O je ... Man konnte nirgendwo entwischen.

KLEINMANN: Hilfe! Hilfe! Kommt schnell!

ARZT: Schreien Sie nicht so, Kleinmann ... Sie wollen doch nicht, daß der Mörder Sie findet.

KLEINMANN: Hören Sie zu, mir ist das jetzt total schnuppe! Hilfe! (*Dann ruft er beim Gedanken, er könnte vom Mörder entdeckt werden, mit leiserer Stimme*) Hilfe ... Wer ist es denn? Haben Sie ihn sehen können?

ARZT: Nein, bloß plötzlich ein Stich im Rücken.

KLEINMANN: Zu schade, daß er Sie nicht von vorn erstochen hat. Da hätten Sie ihn sehen können.

ARZT: Ich sterbe, Kleinmann.

KLEINMANN: Nehmen Sie's nicht persönlich.

ARZT: Wie kann man bloß so was Dämliches sagen.

KLEINMANN: Was soll ich sagen? Ich versuche bloß, Konversation zu machen –

(*Ein Mann läuft herein*)

MANN: Was ist los? Hat jemand um Hilfe gerufen?

KLEINMANN: Der Doktor stirbt ... Holen Sie Hilfe ... Warten Sie! Haben Sie irgend etwas über mich gehört?

MANN: Wie heißen Sie?

KLEINMANN: Kleinmann.

MANN: Kleinmann ... Kleinmann ... Irgendwas, ja ... Sie suchen nach Ihnen ... Es ist wichtig ...

KLEINMANN: Wer?

MANN: Es hat was mit Ihrer Aufgabe zu tun.

KLEINMANN: Endlich.

MANN: Ich sag ihnen, daß ich Sie gesehen habe. (*Rennt weg*)

ARZT: Kleinmann, glauben Sie an die Wiedergeburt?

KLEINMANN: Was ist das?

ARZT: Wiedergeburt – daß ein Mensch als was anderes wieder auf die Welt kommt.

KLEINMANN: Als was denn?

ARZT: Äh ... ah ... als ein anderes Lebewesen ...

KLEINMANN: Was meinen Sie? Zum Beispiel als Tier?

ARZT: Ja.

KLEINMANN: Sie meinen, Sie könnten als Frosch wieder zur Welt kommen?

ARZT: Vergessen Sie es, Kleinmann. Ich habe nichts gesagt.

KLEINMANN: Hören Sie, alles ist möglich, aber es ist schwer vorstellbar, wenn jemand in seinem Leben Direktor einer großen Aktiengesellschaft war, daß er als Eichhörnchen enden soll.

ARZT: Es wird finster.

KLEINMANN: Also, warum sagen Sie mir nicht, welche Rolle Sie im Plan spielen? Da Sie gleich außer Dienst sein werden, könnte ich sie übernehmen, denn bis jetzt war ich nicht in der Lage, meine Aufgabe herauszufinden.

ARZT: Meine Aufgabe würde Ihnen nicht gut bekommen. Ich bin der einzige, der sie ausführen konnte.

KLEINMANN: Um alles in der Welt kann ich nicht sagen, ob wir zu gut organisiert sind oder nicht organisiert genug.

ARZT: Enttäuschen Sie uns nicht, Kleinmann, wir brauchen Sie. (*Er stirbt*)

KLEINMANN: Doktor! Doktor! Oh, mein Gott ... Was mach ich jetzt? Ach, zum Kuckuck. Ich geh heim! Sollen sie doch alle die ganze Nacht rumrennen wie verrückt. Mitten in der Saison. Keiner will mir was sagen. Ich will bloß nicht, daß sie mir für alles die Schuld geben. Nun, warum sollten sie mir die Schuld geben? Ich kam, als sie riefen. Sie hatten für mich nichts zu tun. (*Ein Polizist kommt mit dem Mann herein, der Hilfe suchen gegangen ist*)

MANN: Gibt's hier einen Sterbenden?

KLEINMANN: Ich sterbe.

POLIZIST: Sie? Was ist mit ihm?

KLEINMANN: Er ist schon tot.

POLIZIST: War er ein Freund von Ihnen?

KLEINMANN: Er hat mir die Mandeln rausgenommen. (*Der Polizist kniet sich hin, um die Leiche zu untersuchen*)

MANN: Ich war schon mal tot.

KLEINMANN: Wie bitte?

MANN: Tot. Ich bin tot gewesen. Während des Krieges. Verwundet. Da lag ich auf einem Operationstisch. Chirurgen mühten sich, mein Leben zu retten. Plötzlich haben sie mich verloren – Puls weg. Es war alles aus. Einer von ihnen, wurde mir gesagt, hatte die Geistesgegenwart, mir das Herz zu massieren. Dann fing's wieder an zu schlagen, und ich blieb am Leben, aber einen winzigen Augenblick war ich offiziell tot ... Auch nach der Wissenschaft – tot ... Aber das ist lange her. Deshalb kann ich mitfühlen, wenn ich einen von diesen Burschen sehe.

KLEINMANN: Und wie war es?

MANN: Was?

KLEINMANN: Tot zu sein. Haben Sie was gesehen?

MANN: Nein. Es war einfach ... nichts.

KLEINMANN: Sie können sich an kein Leben nach dem Tode erinnern?

MANN: Nein.

KLEINMANN: Mein Name kam nicht vor?

MANN: Da war nichts. Es gab nichts danach, Kleinmann. Nichts.

KLEINMANN: Ich will nicht weg. Noch nicht. Nicht jetzt. Ich will nicht, daß mir passiert, was ihm passiert ist. In einer Gasse eingeschlossen ... erstochen ... die anderen erwürgt ... sogar Hacker ... von diesem Unhold.

MANN: Hacker wurde nicht von dem Irren ermordet.

KLEINMANN: Nein?

MANN: Hacker ist von Verschwörern umgebracht worden.

KLEINMANN: Verschwörer?

MANN: Die andere Partei.

KLEINMANN: Welche andere Partei?

MANN: Sie kennen die andere Partei nicht?

KLEINMANN: Ich weiß überhaupt nichts! Ich irre in der Nacht herum.

MANN: Gewisse Leute. Shepherd und Willis. Sie sind mit der Art, wie Hacker an das Problem ranging, nie einverstanden gewesen.

KLEINMANN: Was?

MANN: Na ja, Hacker hatte nicht gerade Ergebnisse vorzuweisen.

KLEINMANN: Na, die Polizei auch nicht.

POLIZIST (*steht auf*): Wir werden's schon. Wenn sich die verdammten Zivilisten raushalten würden.

KLEINMANN: Ich dachte, ihr wolltet Hilfe.

POLIZIST: Hilfe, ja. Aber nicht eine Menge Verwirrung und Panik. Aber seien Sie unbesorgt, wir haben ein paar Anhaltspunkte und lassen Daten durch unsere Computer laufen. Diese Schätzchen sind die besten Elektronengehirne. Außerstande, sich zu irren. Mal sehen, wie lange er sich gegen sie behauptet. (*Kniet sich hin*)

KLEINMANN: Wer hat Hacker umgebracht?

POLIZIST: Es gibt eine Partei gegen Hacker.

KLEINMANN: Wer? Shepherd und Willis?

POLIZIST: Massenweise sind sie zu ihrer Seite übergelaufen. Glauben Sie mir. Ich habe sogar gehört, eine Gruppe hat sich von der neuen Gruppe abgespalten.

KLEINMANN: Noch eine Partei?

POLIZIST: Mit ein paar hübsch gescheiten Ideen, wie man diesen Unhold schnappen könnte. Das ist es, was wir brauchen, nicht? Verschiedene Ideen. Wenn ein Plan keine Ergebnisse bringt, tauchen andere auf. Das ist natürlich. Oder sind Sie gegen neue Ideen?

KLEINMANN: Ich? Nein ... Aber sie haben Hacker getötet.

MANN: Weil er nicht nachgeben wollte. Weil er hartnäckig darauf bestand, daß dieser dämliche Plan der einzige sei. Trotz der Tatsache, daß nichts passierte.

KLEINMANN: Also gibt's jetzt mehrere Pläne, oder was?

MANN: Richtig. Und ich hoffe, Sie sind nicht mit Hackers Plan verheiratet, obwohl's viele noch sind.

KLEINMANN: Ich kenne Hackers Plan nicht mal.

MANN: Gut, dann können Sie vielleicht für uns von Nutzen sein.

KLEINMANN: Wer ist wir?

MANN: Spielen Sie nicht den Harmlosen.

KLEINMANN: Wer spielt hier?

MANN: Na, los.

KLEINMANN: Nein, ich weiß nicht, was los ist.

MANN (*zieht ein Messer gegen Kleinmann*): Es stehen Menschenleben auf dem Spiel, du dämliche Laus, entscheide dich.

KLEINMANN: Äh ... Schutzmann ... Wachtmeister ...

POLIZIST: Jetzt brauchst du Hilfe, aber letzte Woche waren wir Idioten, weil wir den Mörder nicht schnappen konnten.

KLEINMANN: Ich hab nicht gemeckert.

MANN: Entschuldige dich, du Wurm.

POLIZIST: Niemand meckert mal darüber, daß wir rund um die Uhr arbeiten. Von Geständnissen Verrückter fast ersäuft. Ein Irrer nach dem anderen behauptet, der Mörder zu sein, und bittet um Bestrafung.

MANN: Ich hab nicht übel Lust, dir die Kehle durchzuschneiden, so wie du mal hü, mal hott sagst.

KLEINMANN: Ich bin bereit, mich anzustrengen. Sagt mir bloß, was ihr von mir erwartet.

MANN: Bist du auf Hackers Seite oder auf unserer?

KLEINMANN: Hacker ist tot.

MANN: Er hat Anhänger. Oder vielleicht würdest du lieber irgendeine Splittergruppe unterstützen. Was?

KLEINMANN: Wenn mir bloß jemand mal erklären würde, was jede Gruppe vertritt. Ihr wißt, was ich meine? Ich habe Hackers Plan nie gekannt. Ich kenne euren Plan nicht. Ich weiß nichts von Splittergruppen.

MANN: Ach, was ist er für ein Dummerchen, was, Jack?

POLIZIST: Tjäää. Weiß alles, bis es ans Handeln geht. Du widerst mich an.

(*Die Überreste von Hackers Gruppe treten auf*)

HANK: Da bist du ja, Kleinmann. Zum Teufel, wo bist du denn gewesen?

KLEINMANN: Ich? Wo seid ihr denn gewesen?

SAM: Du bist gerade dann weggegangen, als wir dich brauchten.

KLEINMANN: Niemand hat mir ein Wort gesagt.

MANN: Kleinmann ist jetzt bei *uns*.

JOHN: Stimmt das, Kleinmann?

KLEINMANN: Stimmt was? Ich weiß nicht, was überhaupt noch stimmt.

(*Mehrere Männer kommen herein, sie sind eine Gegengruppe*)

BILL: He, Frank. Machen die Burschen hier dir Schwierigkeiten?

FRANK: Nein. Das könnten sie nicht, selbst wenn sie wollten.

AL: Nein?

FRANK: Nein.

AL: Wir könnten ihn schon geschnappt haben, Jungs, wenn ihr da wärt, wo ihr sein solltet.

FRANK: Wir waren uns mit Hacker nicht einig. Sein Plan funktionierte nicht.

DON: Ja. Wir werden diesen Mörder fangen. Überlaßt ihn uns.

JOHN: Wir überlassen euch gar nichts. Gehen wir, Kleinmann.

FRANK: Du hältst doch nicht zu denen, oder?

KLEINMANN: Ich? Ich bin neutral. Ganz egal, wer den besten Plan hat.

HENRY: Es gibt keine Neutralen, Kleinmann.

MANN: Entweder wir oder sie.

KLEINMANN: Wie soll ich wählen, wenn ich die Alternativen nicht kenne? Sind die einen Äpfel und die anderen Birnen? Sind sie beide Apfelsinen?

FRANK: Legen wir ihn jetzt um.

SAM: Du legst jetzt überhaupt keinen mehr um.

FRANK: Nein?

SAM: Nein. Und wenn wir diesen Irren schnappen, wird jemand für Hacker bezahlen müssen.

KLEINMANN: Während wir rumstehen und streiten, kann der Irre jemanden umbringen. Der Sinn ist, zusammenzuarbeiten.

SAM: Sag das denen.

FRANK: Erfolge sind, worauf es ankommt.

DON: Nehmen wir uns jetzt mal diese Hurensöhne hier vor. Sonst stehen sie uns im Weg und bringen die Probleme durcheinander.

AL: Versuch's nur, du Schreihals.

BILL: Wir versuchen's nicht bloß.

(*Messer und Totschläger werden gezogen und geschwungen*)

KLEINMANN: Kameraden – Jungs –

FRANK: Jetzt wähle, Kleinmann, der Augenblick ist da!

HENRY: Besser, du wählst richtig, Kleinmann. Es wird nur einen Sieger geben.

KLEINMANN: Wir werden uns gegenseitig umbringen, und der Irre bleibt in Freiheit. Seht ihr das nicht? . . . Sie sehen's nicht.

(*Handgemenge beginnt. Plötzlich halten alle inne und schauen auf. Auf die Bühne schlängelt sich eine eindrucksvolle, kirchlich wirkende Prozession, die ein Helfer anführt*)

HELFER: Der Mörder! Wir haben den Irren gefunden! (*Handgemenge hört auf, Gemurmel: «Was ist jetzt los?» Geräusch: Bong, bong. Es kommt eine Gruppe mit Hans Spüro herein, der riecht und schnüffelt*)

POLIZIST: Das ist Spüro, das Medium. Wir haben ihn auf den Fall angesetzt. Er ist Hellseher.

KLEINMANN: Wirklich? Er müßte auf der Rennbahn Erfolg haben.

POLIZIST: Er hat schon Morde für andere aufgeklärt. Alles, was er braucht, ist was zum Schnüffeln oder Befühlen. Er hat unten im Hauptquartier meine Gedanken gelesen. Er wußte, mit wem ich gerade im Bett gewesen war.

KLEINMANN: Mit Ihrer Frau.

POLIZIST (*nach einem anzüglichen Blick auf Kleinmann*): Seht ihn euch an, Jungs. Er hat übernatürliche Kräfte.

HELFER: Mr. Spüro, der Hellseher, ist nahe daran, den Mörder zu entdecken. Bitte geben Sie den Weg frei. (*Spüro bahnt sich schnüffelnd seinen Weg*) Mr. Spüro wünscht, Sie zu beschnuppern.

KLEINMANN: Mich?

HELFER: Ja.

KLEINMANN: Wozu?

HELFER: Es reicht, wenn er es wünscht.

KLEINMANN: Ich möchte nicht beschnuppert werden.

FRANK: Was hast du zu verbergen? (*Andere stimmen extemporierend zu*)

KLEINMANN: Nichts, aber es macht mich nervös.

POLIZIST: Machen Sie weiter, schnuppern Sie drauflos. (*Spüro schnüffelt, Kleinmann fühlt sich unbehaglich*)

KLEINMANN: Was macht er eigentlich? Ich hab nichts zu verbergen. Mein Jackett riecht wahrscheinlich ein bißchen nach

Kampfer. Richtig? He, können Sie jetzt aufhören, an mir zu schnuppern? Es macht mich nervös.

AL: Nervös, Kleinmann?

KLEINMANN: Ich hab's nie gemocht, beschnuppert zu werden. (*Spüro steigert seine Intensität*) Was ist los? Wo seht ihr alle hin? Was? Ach, ich weiß. Ich hab mir etwas Salatsoße auf die Hose gegossen ... Drum riecht's schwach danach – nicht allzu grauenhaft ... Es war die übliche Soße drüben in Wilton's Steakhouse ... Ich mag Steak ... nicht blutig ... Also, ja, medium, ich meine, nicht roh ... Ihr wißt ja, man bestellt's medium, und es kommt ganz rot.

SPÜRO: Dieser Mann ist der Mörder.

KLEINMANN: Was?

POLIZIST: Kleinmann?

SPÜRO: Ja. Kleinmann.

POLIZIST: Nein!

HELFER: Mr. Spüro hat's wieder gelöst!

KLEINMANN: Wovon reden Sie? Wissen Sie, wovon Sie reden?

SPÜRO: Hier ist der Schuldige.

KLEINMANN: Sie sind verrückt. Spüro ... dieser Kerl ist ein Wahnsinniger!

HENRY: Also, du bist es die ganze Zeit gewesen, Kleinmann.

FRANK (*schreit*): He – hierher! Hierher! Wir haben ihn!

KLEINMANN: Was macht ihr bloß!?

SPÜRO: Es gibt keinen Zweifel. Es ist unbestreitbar.

BILL: Warum hast du's getan, Kleinmann?

KLEINMANN: Was getan? Wollt ihr diesem Kerl etwa glauben? Weil er mich berochen hat?

HELFER: Mr. Spüros übernatürliche Fähigkeiten haben ihn noch nie getrogen.

KLEINMANN: Der Kerl ist ein Schwindler. Was soll das mit dem Riechen?!

SAM: Also, Kleinmann ist der Mörder.

KLEINMANN: Nein ... Leute ... Ihr kennt mich doch alle!

JOHN: Warum hast du's getan, Kleinmann?

FRANK: Tjä.

AL: Er hat's getan, weil er verrückt ist. Plemplem im Kopf.

KLEINMANN: Ich bin verrückt? Seht doch, wie ich angezogen bin!

HENRY: Denkt nicht, daß er vernünftig redet. Sein Geist ist perdu.

BILL: So ist es halt mit einem Verrückten. Sie können in jedem Punkt logisch sein, bis auf einen – ihren schwachen Punkt, den Punkt ihres Wahnsinns.

SAM: Und Kleinmann ist immer so verdammt logisch.

HENRY: Verdammt zu logisch.

KLEINMANN: Das ist ein Witz, gelt? Weil, wenn's kein Witz ist, fang ich sofort an zu schreien.

SPÜRO: Aufs neue danke ich dem Herrn für die besondere Gabe, die Ihm mir zu verleihen gefiel.

JOHN: Hängen wir ihn doch gleich auf! (*Allgemeine Zustimmung*)

KLEINMANN: Komm mir nicht zu nahe! Hängen liegt mir nicht!

GINA (*die Prostituierte*): Er hat versucht, mich anzufallen! Plötzlich hat er mich gepackt!

KLEINMANN: Ich hab Ihnen sechs Dollar gegeben. (*Sie packen ihn*)

BILL: Ich hab ein Stück Strick!

KLEINMANN: Was macht ihr denn?

FRANK: Wir machen diese Stadt ein für allemal sicher.

KLEINMANN: Ihr hängt den Verkehrten. Ich würde keiner Fliege ein Leid tun ... Okay, mag sein, einer Fliege –

POLIZIST: Wir können ihn nicht ohne Prozeß hängen.

KLEINMANN: Natürlich nicht. Ich habe gewisse Rechte.

AL: Wie stand's mit den Rechten der Opfer, was?

KLEINMANN: Welche Opfer? Ich will meinen Anwalt! Hört her! Ich will meinen Anwalt! Ich hab nicht mal einen Anwalt!

POLIZIST: Wie bekennen Sie sich, Kleinmann?

KLEINMANN: Nicht schuldig. Absolut nicht schuldig! Ich bin weder jetzt noch irgendwann ein Meuchelmörder gewesen. Es interessiert mich nicht mal als Hobby.

HENRY: Was hast du zur Ergreifung des Mörders beigetragen?

KLEINMANN: Du meinst den Plan? Keiner hat mir was darüber gesagt.

JOHN: Meinst du nicht, daß es deine Pflicht ist, das selber rauszukriegen?

KLEINMANN: Wie denn? Jedesmal, wenn ich gefragt habe, hab ich irgendeinen Quatsch gehört.

AL: Es ist deine Pflicht, Kleinmann.

FRANK: Das ist richtig. Es ist ja nicht so, als gäb's nur einen Plan.

BILL: Klar. Wir sind mit einem Alternativplan rausgekommen.

DON: Und es gab andere Pläne. Du hättest schon in was einsteigen können.

SAM: Ist es das, warum du Schwierigkeiten hattest, dich zu entscheiden? Weil du dich gar nicht entscheiden wolltest?

KLEINMANN: Zwischen was entscheiden? Nennt mir den Plan. Laßt mich helfen. Verwendet mich.

POLIZIST: Dafür ist es ein bißchen spät.

HENRY: Kleinmann, man hat dir den Prozeß gemacht und dich schuldig befunden. Du wirst hängen. Hast du irgendeinen letzten Wunsch?

KLEINMANN: Ja, ich würde lieber nicht hängen.

HENRY: Tut mir leid, Kleinmann. Da können wir nichts machen.

ABE (*kommt völlig aufgelöst herein*): Schnell – kommt schnell!

JOHN: Was ist denn?

ABE: Wir haben den Mörder hinter dem Lagerhaus ertappt.

AL: Das ist unmöglich. Kleinmann ist der Mörder.

ABE: Nein. Er wurde überrascht, als er gerade Edith Cox erwürgen wollte. Sie hat ihn wiedererkannt. Beeilt euch. Wir brauchen jeden, den wir kriegen können.

SAM: Ist es jemand, den wir kennen?

ABE: Nein. Es ist ein Fremder, aber er ist auf der Flucht!

KLEINMANN: Seht ihr! Seht ihr! Ihr wart alle bereit, einen Unschuldigen zu hängen.

HENRY: Vergib uns, Kleinmann.

KLEINMANN: Klar. Kommt einfach immer mit einem Strick zu mir rüber, wenn euch die Ideen ausgehen.

SPÜRO: Es muß irgendwo ein Fehler vorliegen.

KLEINMANN: Und Sie? Sie sollten sich eine künstliche Nase besorgen! (*Alle laufen weg*) Es ist gut zu wissen, wer deine Freunde sind. Ich geh jetzt nach Hause. Das hier ist nicht mehr mein Problem! ... Ich bin müde, mir ist kalt ... verdammte Nacht ... Wo bin ich denn jetzt? ... Jungejunge, für meinen Orientierungssinn würde ich keine zwei Cent geben ... Nein, das ist nicht richtig ... ich muß mich einen Moment

ausruhen – die Richtung peilen ... Mir ist ein bißchen schlecht
vor Angst ... (*Ein Geräusch*) O Gott ... was jetzt?

IRRER: Kleinmann?

KLEINMANN: Wer sind Sie?

IRRER (*der Kleinmann ähnelt*): Der Meuchelmörder. Darf ich
mich setzen? Ich bin außer Puste.

KLEINMANN: Was?

IRRER: Jeder jagt mich ... Ich renne Gassen entlang und in Ein-
gänge rein und wieder raus. Ich schleiche in der Stadt herum –
und sie glauben, mir macht das Spaß.

KLEINMANN: Sie sind – der Mörder?

IRRER: Klar.

KLEINMANN: Ich muß hier weg!

IRRER: Regen Sie sich nicht auf. Ich bin bewaffnet.

KLEINMANN: Sie – Sie werden mich umbringen?

IRRER: Natürlich, das ist meine Spezialität.

KLEINMANN: Sie – Sie sind verrückt.

IRRER: Sicher bin ich verrückt. Meinen Sie, ein gesunder Mensch
würde herumgehen und Leute umbringen? Und ich beraube
sie nicht einmal. Das ist die Wahrheit. Ich habe bei keinem
Opfer auch nur einen Penny verdient. Ich habe nie auch nur
einen Taschenkamm genommen.

KLEINMANN: Warum tun Sie es dann?

IRRER: Warum? Weil ich verrückt bin.

KLEINMANN: Aber Sie sehen normal aus.

IRRER: Man kann nicht nach der äußeren Erscheinung gehen. Ich
bin ein Irrer.

KLEINMANN: Tjaja, aber ich erwartete eine lange, schwarze,
furchterregende Gestalt ...

IRRER: Das ist hier kein Film, Kleinmann. Ich bin ein Mensch
wie Sie. Was sollte ich denn haben, Klauen und Giftzähne?

KLEINMANN: Aber Sie haben so viele große kräftige Leute umgebracht ... Zweimal so groß wie Sie ...

IRRER: Klar. Weil ich von hinten komme oder warte, bis sie
schlafen. Hören Sie, ich bin nicht auf Scherereien aus.

KLEINMANN: Aber warum tun Sie es denn?

IRRER: Ich bin ein komischer Kauz.

KLEINMANN: Gefällt es Ihnen?

IRRER: Es ist keine Frage von *gefallen*, ich tue es.

KLEINMANN: Aber sehen Sie nicht, wie lächerlich das ist?

IRRER: Wenn ich das sehen könnte, wäre ich nicht verrückt.

KLEINMANN: Wie lange sind Sie schon so?

IRRER: Solange ich mich erinnern kann.

KLEINMANN: Kann man Ihnen nicht helfen?

IRRER: Wodurch?

KLEINMANN: Es gibt Ärzte ... Sanatorien ...

IRRER: Sie denken, Ärzte wissen etwas? Ich bin bei Ärzten gewesen. Sie haben mein Blut untersucht, mich durchleuchtet. Sie finden die Verrücktheit nicht. Die zeigt sich nicht auf dem Röntgenschirm.

KLEINMANN: Was ist mit Psychiatrie? Seelenärzten?

IRRER: Ich halte sie zum Narren.

KLEINMANN: Hä?

IRRER: Ich benehme mich normal. Sie zeigen mir Tintenkleckse ... Sie fragen mich, ob ich Mädchen mag. Ich sage ihnen, klar.

KLEINMANN: Das ist schrecklich.

IRRER: Haben Sie irgendwelche letzten Wünsche?

KLEINMANN: Das kann nicht Ihr Ernst sein!

IRRER: Woll'n Se meine Wahnsinnslache hör'n?

KLEINMANN: Nein. Wollen Sie nicht der Vernunft Gehör schenken? (*Der Irre läßt das Klappmesser dramatisch aufschnappen*) Wenn Sie nichts durchschauert, wenn Sie mich umbringen, warum's dann tun? Das ist nicht logisch. Sie könnten Ihre Zeit schöpferisch verbringen ... Mit Golf anfangen – ein irrer Golfspieler werden!

IRRER: Auf Wiedersehen, Kleinmann!

KLEINMANN: Hilfe! Hilfe! Mord! (*Und er wird erstochen. Der Irre läuft weg*) Ohhh! Ohh!

(*Eine kleine Menschenmenge sammelt sich. Wir hören: «Er stirbt. Kleinmann stirbt ... Er stirbt ...»*)

JOHN: Kleinmann ... Wie sah er aus?

KLEINMANN: Wie ich.

JOHN: Was meinst du damit, wie du?

KLEINMANN: Er sah wie ich aus.

JOHN: Aber Jensen hat gesagt, er sehe wie Jensen aus ... Lang und blond, wie ein Schwede ...

KLEINMANN: Oooh ... Wollt ihr auf Jensen hören oder wollt ihr auf mich hören?

JOHN: Okay, werd nicht wütend ...

KLEINMANN: In Ordnung, dann red aber nicht wie ein Trottel ... Er sah wie ich aus ...

JOHN: Oder er ist ein Meister der Verkleidung ...

KLEINMANN: Na, von irgendwas ist er bestimmt ein Meister und besser, Leute, ihr seid auf Draht.

JOHN: Bring ihm etwas Wasser.

KLEINMANN: Was soll ich denn mit Wasser?

JOHN: Ich nahm an, du wärst durstig.

KLEINMANN: Sterben macht nicht durstig. Außer, man wird erstochen, nachdem man Hering gegessen hat.

JOHN: Hast du Angst zu sterben?

KLEINMANN: Es ist nicht, daß ich Angst zu sterben hätte, ich möchte einfach nicht dabei sein, wenn's passiert.

JOHN (*nachdenklich*): Früher oder später kriegt er uns alle.

KLEINMANN (*phantasierend*): Haltet zusammen ... Gott ist der einzige Feind.

JOHN: Armer Kleinmann. Er phantasiert.

KLEINMANN: Oh ... Oh ... ugggmmmfff. (*Stirbt*)

JOHN: Kommt, wir müssen mit einem besseren Plan rauskommen.

(*Sie gehen langsam weg*)

KLEINMANN (*erhebt sich ein klein wenig*): Und noch etwas. Wenn es ein Leben nach dem Tode gibt und wir kommen alle an denselben Ort – ruft mich nicht an, ich melde mich schon! (*Er ist tot*)

MANN (*läuft herein*): Der Mörder ist an den Eisenbahngleisen gesichtet worden! Kommt schnell!

(*Sie rennen alle hinter ihm her, und wir machen*

DUNKEL)

# Die frühen Essays

*Es folgen einige der frühen Essays von Woody Allen. Es gibt keine späten Essays, weil ihm die Beobachtungen ausgingen. Mit dem Älterwerden wird Allen vielleicht mehr vom Leben verstehen und es niederlegen und sich dann in sein Schlafzimmer zurückziehen und dort für unbestimmte Zeit niederlegen. Wie Bacons Essays sind Allens kurz und voll nützlicher Weisheiten, allerdings gestattet der verfügbare Platz nicht die Einbeziehung seiner tiefsten Abhandlung: «So ein Tag, so wunderschön wie heute.»*

## Über die Freude, einen Baum im Sommer zu betrachten

Von allen Wundern der Natur ist ein Baum im Sommer vielleicht das erstaunlichste, mit der denkbaren Ausnahme eines Elchs in Gamaschen, der «Halt ich dich in meinen Armen» singt. Sieh die Blätter, wie grün und blättrig sie sind (wenn nicht, ist was verkehrt). Schau, wie sich die Zweige gen Himmel recken, als wollten sie sagen: «Obwohl ich nur ein Zweig bin, würde ich doch so gerne die Sozialversicherung einkassieren.» Und die vielen Arten! Ist dieser Baum eine Fichte oder eine Pappel? Oder ein Riesen-Mammutbaum? Nein, ich fürchte, es ist eine stattliche Ulme, und schon wieder hat man sich restlos blamiert. Natürlich würde man alle Bäume im Augenblick erkennen, wenn man Mutter Naturs Geschöpf, der Specht, wäre, aber dann wäre alles zu spät, und man bekäme nie wieder sein Auto in Gang.

Aber warum ist ein Baum so viel ergötzlicher als, sagen wir, ein murmelndes Bächlein? Oder halt irgendwas, was murmelt? Weil seine prächtige Gestalt stummes Zeugnis ist einer Intelligenz, die weit größer als jede andere auf Erden ist, bestimmt in der augenblicklichen Regierung. Wie der Dichter sagt: «Gott allein kann einen Baum machen» – wahrscheinlich, weil's so schwierig ist rauszuknobeln, wie man die Borke festkriegt.

Einmal war ein Holzfäller drauf und dran, einen Baum umzuhacken, als er ein Herz bemerkte, das in seine Rinde geschnitzt war und das zwei Namen umschloß. Er legte die Axt beiseite und sägte den Baum um. Die Pointe dieser Geschichte ist mir entschlüpft, obwohl der Holzfäller sechs Monate darauf zu einer Geldstrafe verurteilt wurde, weil er einem Zwerg Römische Zahlen beigebracht hatte.

## Über Jugend und Alter

Der wahre Maßstab der Reife eines Menschen ist nicht, wie alt er ist, sondern wie er darauf reagiert, wenn er mitten in der Stadt in seinen Unterhosen aufwacht. Was bedeuten schon Jahre, besonders wenn man eine mietpreisgebundene Sozialwohnung hat? Woran man immer denken sollte, ist, daß jede Zeit im Leben die entsprechenden Trostpflaster bereithält, wogegen es, wenn man tot ist, schwierig ist, den Lichtschalter zu finden. Das Hauptproblem beim Tod übrigens ist die Furcht, daß es kein Leben danach geben könnte – ein bedrückender Gedanke, besonders für diejenigen, die sich noch die Mühe gemacht haben, sich zu rasieren. Es gibt auch die Furcht, daß es ein Leben nach dem Tode gibt, aber niemand weiß, wo es stattfindet. Auf der Plusseite ist der Tod eins der wenigen Dinge, die leicht im Liegen erledigt werden können.

Überlegen wir ferner: Ist das hohe Alter wirklich so schrecklich? Nicht, wenn man sich gewissenhaft die Zähne geputzt hat! Und warum gibt es kein Mittel gegen den Ansturm der Jahre? Oder ein gutes Hotel im Zentrum von Indianapolis? Na schön.

Kurz, am besten ist, sich so zu benehmen, wie es dem Alter angemessen ist. Wenn du sechzehn oder darunter bist, versuch nicht, Glatze zu tragen. Wenn du andererseits über achtzig bist, ist es ein äußerst korrektes Verhalten, die Straße hinunterzuschlurfen, eine braune Papiertüte fest in der Hand, und zu murmeln: «Der Kaiser klaut mir meine Strippe.» Erinnern wir uns, alles ist relativ – oder sollte es sein. Wenn nicht, müssen wir wieder von vorn beginnen.

## Über die Sparsamkeit

Wenn man durchs Leben geht, ist es äußerst wichtig, Kapital anzusammeln, und man sollte nie Geld für irgendeinen Quatsch ausgeben, wie zum Beispiel Birnennektar oder einen massiven Goldhut. Geld ist nicht alles, aber es ist besser als Gesundheit. Schließlich kann man nicht in einen Fleischerladen gehen und zum Fleischer sagen: «Schauen Sie meine schöne Sonnenbräune an, und außerdem bekomme ich nie eine Erkältung», und erwarten, daß er dafür irgendwelche Würste rausrückt. (Es sei denn natürlich, der Fleischer ist ein Idiot.) Geld ist besser als Armut, wenn auch nur aus finanziellen Gründen. Nicht, daß es Glück erkaufen könnte. Nehmen wir das Beispiel von der Ameise und dem Grashüpfer: Der Grashüpfer spielte den ganzen Sommer, während die Ameise arbeitete und sparte. Als der Winter kam, hatte der Grashüpfer nichts, aber die Ameise klagte über Brustschmerzen. Das Leben ist schwer für Insekten. Und denkt bloß nicht, Mäuse amüsierten sich etwa besonders. Der springende Punkt ist: Wir brauchen alle einen Sparstrumpf, es sei denn, wir gehen barfuß.

Schließlich wollen wir im Gedächtnis behalten, daß es leichter ist, zwei Dollar auszugeben, als einen zu sparen. Und investiert um Gottes willen kein Geld bei irgendeiner Maklerfirma, in der einer der Partner Frenchy heißt.

## Über die Liebe

Ist es besser, der Liebende oder der Geliebte zu sein? Weder – noch, wenn dein Cholesterinspiegel über sechshundert ist. Mit Liebe meine ich natürlich die romantische Liebe – die Liebe zwischen Mann und Frau, und weniger die zwischen Mutter und Kind oder einem Jungen und seinem Hund oder zwischen zwei Oberkellnern.

Was Wundervolles, wenn man verliebt ist, ist der Drang zu singen. Dem muß um jeden Preis widerstanden werden, und beachtet werden muß auch, daß das feurige Männchen die Schlagertexte nicht «spricht». Geliebt zu werden ist sicher was ande-

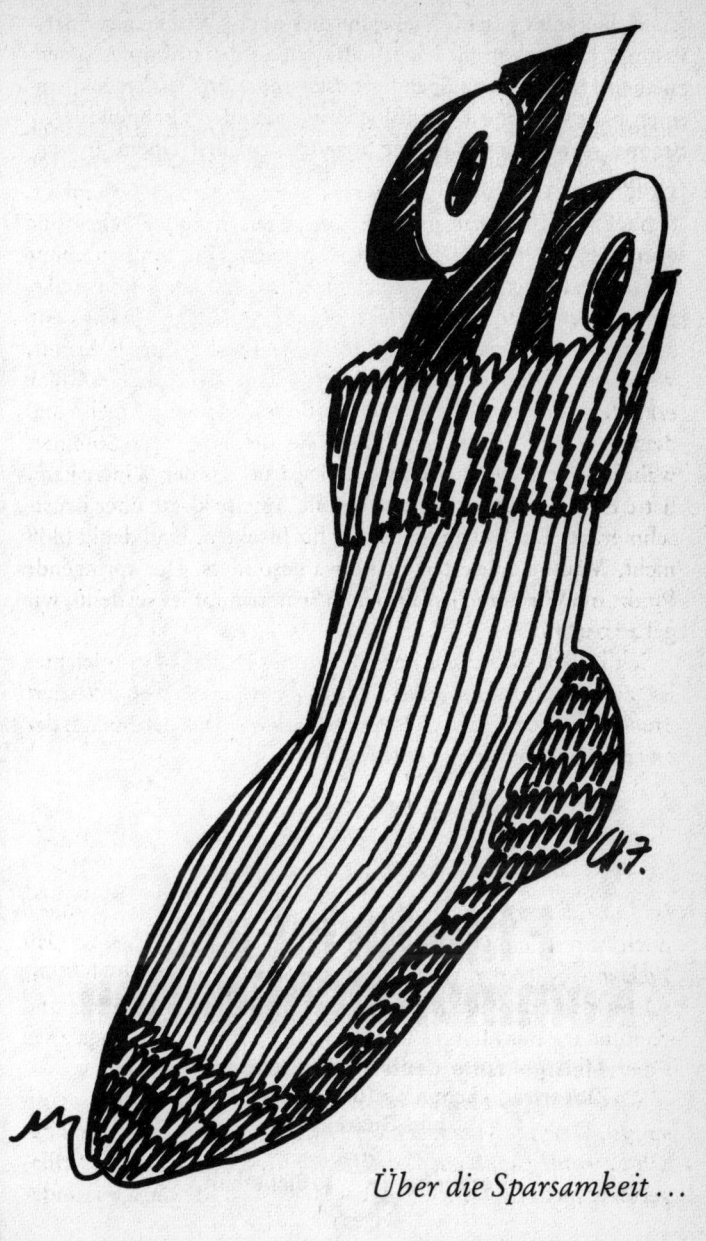

*Über die Sparsamkeit ...*

... ist hier alles gesagt. Vielleicht dies noch: Wer keinen Sparstrumpf hat, bekommt leicht kalte Füße. Sparstrümpfe passen zu allem, nur nicht zu Spendierhosen und zum Geizkragen. Im einen Falle werden sie leicht löcherig, im anderen schnell filzig. Besonders wohltuend ist der Sparstrumpf über einem großen Zinsfuß.

res als verehrt zu werden, wie man ja aus der Ferne verehrt werden kann, aber um wirklich jemanden zu lieben, ist es unbedingt erforderlich, mit der Person im selben Zimmer zu sein, hinter den Gardinen versteckt.

Um ferner ein wirklich guter Liebhaber zu sein, muß man stark und doch zärtlich sein. Wie stark? Ich nehme an, es sollte reichen, wenn man fünfzig Pfund heben kann. Man erinnere sich auch, daß für den Liebenden die Geliebte immer das schönste ist, was er sich vorstellen kann. Auch, wenn sie für einen Außenstehenden von einer Büchse Ölsardinen nicht zu unterscheiden ist. Die Schönheit liegt im Auge des Betrachters. Sollte der Betrachter schlechte Augen haben, dann kann er ja denjenigen, der am nächsten steht, fragen, welche Mädchen gut aussehen. (Tatsächlich sind die Hübschesten fast immer die Langweiligsten, und deshalb haben einige Leute das Gefühl, es gibt keinen Gott.)

«Die Freuden der Liebe, sie dauern nur ein Hui», sang der Troubadour, «doch ewig währen die Schmerzen der Liebe.» Das war mal fast ein Schlagerhit, aber die Melodie war dem Lied «I'm a Yankee Doodle Dandy» zu ähnlich.

## Über das Vergnügen, durchs Gebüsch zu hüpfen und Veilchen zu pflücken

Das ist überhaupt kein Vergnügen, und ich würde zu fast jeder anderen Tätigkeit raten. Versuche, einen kranken Freund zu besuchen. Wenn das unmöglich ist, sieh dir eine Show an oder steige in eine schöne warme Badewanne und lies. Alles ist besser als mit so einem nichtssagenden Lächeln in einem Gebüsch aufzukreuzen und Blumen in einen Korb zu sammeln. Als nächstes würdest du bemerken, daß du hin- und herhüpfst. Was wirst du nun mit den Veilchen machen, wo du sie schon mal gepflückt hast? «Na, sie in eine Vase stellen», sagst du. Was für eine blöde Antwort. Heutzutage ruft man den Blumenhändler an und bestellt per Telefon. Laß *ihn* doch durchs Gebüsch hüpfen, er wird dafür bezahlt. Auf diese Weise wird, wenn ein Gewittersturm aufkommt, oder man stößt zufällig auf einen Bienenschwarm, es der Blumenhändler sein, der ins Berg-Sinai-Krankenhaus geschafft wird.

Daraus ist übrigens nicht zu schließen, daß ich den Freuden der Natur gegenüber empfindungslos wäre, obwohl ich zu dem Schluß gelangt bin, daß es beschwerlich ist, zum schieren Vergnügen mitten in den Ferien achtundvierzig Stunden lang im Kaufhaus im Schaumgummi-Paradies rumzutoben. Aber das ist eine andere Geschichte.

# Eine kurze, aber hilfreiche Anleitung zum bürgerlichen Ungehorsam

Um eine Revolution zu machen, sind zwei Dinge erforderlich: jemand oder etwas, gegen das zu revoltieren ist, und jemand, der wirklich erscheint und den Aufstand macht. Die Kleidung ist normalerweise salopp, und beide Parteien können über Zeit und Ort mit sich reden lassen, aber wenn eine von beiden Gruppen sich nicht einfindet, wird die ganze Unternehmung wahrscheinlich scheitern. In der Chinesischen Revolution von 1650 erschien keine von beiden Parteien, und die Anzahlung für den Festsaal ging flöten.

Die Leute oder Parteien, gegen die revoltiert wird, heißen die «Unterdrücker» und sind leicht zu erkennen, weil sie offenbar den ganzen Spaß auf ihrer Seite haben. Die «Unterdrücker» tragen im allgemeinen Anzüge, besitzen Land und spielen spät nachts Radio, ohne deswegen angeschrien zu werden. Ihre Aufgabe ist, den «Status quo» aufrechtzuerhalten, ein Zustand, wo alles beim alten bleibt, wenn sie auch bereit sein mögen, alle zwei Jahre zu renovieren.

Wenn die «Unterdrücker» zu streng werden, haben wir das, was man als Polizeistaat kennt, in dem jede abweichende Meinung verboten ist, wie zum Beispiel in sich hineinzukichern, sich mit Fliege zu zeigen oder vom Bürgermeister als dem «Dickerchen» zu reden. Die bürgerlichen Freiheiten sind in einem Polizeistaat enorm eingeschränkt, und von Redefreiheit ist keine Rede, obwohl einem gestattet ist, zu einer Schallplatte den Mund auf und zu zu machen. Meinungen, die an der Regierung zu kritteln haben, werden nicht geduldet, insbesondere nicht Kritik an ihrem Tanzstil. Die Pressefreiheit ist ebenfalls beschränkt, und die Regierungspartei «dirigiert» die Nachrichten und erlaubt den Bürgern lediglich, willkommenen politischen Ideen und Fußballergebnissen zuzuhören, die keine Unruhe stiften.

Die revoltierenden Gruppen werden die «Unterdrückten» genannt, und man sieht sie gewöhnlich sich herumprügeln und nörgeln oder über Kopfschmerzen klagen. (Man sollte anmerken, daß die Unterdrücker nie revoltieren und versuchen, die Unterdrückten zu werden, weil das ein Wechseln der Unterwäsche nach sich zöge.)

Einige berühmte Beispiele für Revolutionen sind:

DIE FRANZÖSISCHE REVOLUTION, in der das Volk mit Gewalt die Macht an sich riß und rasch alle Türschlösser in den Schloßtüren auswechselte, so daß die Adligen nicht mehr reinkonnten. Dann machten sie eine spendable Party und fraßen sich voll. Als die Adligen endlich das Schloß zurückeroberten, waren sie gezwungen sauberzumachen und fanden viele Dreckflecken und Brandlöcher von den Zigaretten.

DIE RUSSISCHE REVOLUTION, die jahrelang vor sich hin brodelte und plötzlich ausbrach, als die Leibeigenen endlich bemerkten, daß der russische Kaiser und der Zar dieselbe Person waren.

Es sollte bemerkt werden, daß, wenn eine Revolution vorbei ist, die «Unterdrückten» oft die Regierung übernehmen und anfangen, wie «Unterdrücker» aufzutreten. Natürlich ist es dann sehr schwer, sie ans Telefon zu bekommen, und an das Geld, das man ihnen während des Kampfes für Zigaretten und Kaugummi geborgt hat, mögen sie sich auch nicht mehr erinnern.

Methoden bürgerlichen Ungehorsams:

HUNGERSTREIK. Hierbei verzichtet der Unterdrückte auf Nahrung, bis seine Forderungen erfüllt sind. Hinterlistige Politiker lassen dann Kekse in seiner Reichweite liegen oder vielleicht ein bißchen Cheddar-Streichkäse, aber ihnen muß man widerstehen. Wenn die Partei, die an der Macht ist, den Streikenden zum Essen bewegen kann, hat sie normalerweise wenig Mühe, den Aufstand niederzuschlagen. Wenn sie ihn dazu bringen, zu essen und auch noch die Rechnung kommen zu lassen, haben sie den Sieg in der Tasche. In Pakistan wurde ein Hungerstreik abgebrochen, als die Regierung ein über die Maßen leckeres Kalbs-Cordon-bleu herstellen ließ, das die breite Masse zu verführerisch fand, um es zurückgehen zu lassen, aber solche Feinschmeckergerichte sind selten.

Das Problem beim Hungerstreik ist, daß man nach ein paar Tagen ziemlich hungrig werden kann, besonders, seitdem Lautsprecherwagen aufgeboten werden, die durch die Straßen fahren und verkünden: «Mmmm ... ist das Hühnchen gut ... hmmm ... noch ein paar Erbsen ... hmmm ...»

Eine Spielart des Hungerstreiks für alle die, deren politische Überzeugungen nicht ganz so radikal sind, besteht im Verzicht auf Schnittlauch. Diese kleine Geste kann, wenn sie richtig genutzt wird, großen Einfluß auf eine Regierung ausüben, und es ist ja allseits bekannt, daß Mahatma Gandhis Beharren darauf, seinen Salat ohne Essig und Öl zu essen, die britische Regierung so beschämte, daß sie in vielen Dingen nachgab. Andere Dinge außer Essen, auf die man verzichten kann: Whist, Lächeln und auf einem Bein zu stehen und einen Kranich nachzumachen.

SITZSTREIK. Begebt euch an den bezeichneten Punkt und setzt euch, aber setzt euch richtig hin. Sonst kauert ihr bloß, eine Haltung, die keinen politischen Wert hat, es sei denn, die Regierung kauert ebenfalls. (Das ist selten, obgleich sich eine Regierung gelegentlich bei kaltem Wetter hinhockt.) Der Sinn ist, so lange sitzen zu bleiben, bis Zugeständnisse gemacht werden, aber wie beim Hungerstreik wird die Regierung subtile Mittel anwenden, um die Streikenden zum Aufstehen zu bewegen. Sie können sagen: «Okay, alle aufstehen, wir schließen», oder: «Könnten Sie mal eben einen Augenblick aufstehen, wir möchten bloß mal sehen, wie groß Sie sind.»

DEMONSTRATIONEN UND UMZÜGE. Der springende Punkt bei einer Demonstration ist, daß sie zu sehen sein muß. Daher der Begriff «Demonstration». Wenn jemand privat in seinen eigenen vier Wänden demonstriert, heißt das genaugenommen nicht Demonstration, sondern bloß «töricht handeln» oder «sich wie ein Esel benehmen».

Ein schönes Beispiel für eine Demonstration war der Sturm auf die Bostoner Teeschiffe, wo beleidigte Amerikaner als Indianer verkleidet englischen Tee in den Hafen kippten. Später kippten als beleidigte Amerikaner verkleidete Indianer richtige Engländer in den Hafen. Darauf kippten die Engländer, als Tee verkleidet, sich gegenseitig in den Hafen. Zum Schluß sprangen deutsche Söldner, die lediglich mit Kostümen aus den «Trojanerinnen» bekleidet waren, aus keinem erkennbaren Grund in den Hafen.

Beim Demonstrieren empfiehlt es sich, ein Plakat mitzunehmen, auf dem der entsprechende Standpunkt angegeben wird. Einige Vorschläge für Standpunkte sind: 1. runter mit den Steuern, 2. rauf mit den Steuern, und 3. feixt nicht über Perser.

Verschiedene Methoden bürgerlichen Ungehorsams:

Vor dem Rathaus stehen und das Wort «Pudding» im Sing-Sang erschallen lassen, bis die Forderungen erfüllt sind.

Den Verkehr blockieren, indem man eine Schafherde in die Einkaufsgegend führt.

Mitglieder des «Establishments» anrufen und «Bess, You Is My Woman Now» ins Telefon singen.

Sich als Polizist anziehen und dann seilhüpfen.

So tun, als sei man eine Artischocke, und dann die Leute boxen, wenn sie vorbeigehen.

# Knobeleien
## mit Inspektor Ford

### Ein Mord unter den «Oberen Zehntausend»

Inspektor Ford platzte in das Herrenzimmer. Auf dem Boden lag die Leiche Clifford Wheels, der offensichtlich von hinten mit einem Krocketschläger erschlagen worden war. Die Lage des Körpers deutete darauf hin, daß der Ermordete überrascht worden war, als er seinem Goldfisch «Sorrento» vorsang. Die Spuren zeigten, daß es einen schrecklichen Kampf gegeben hatte, der zweimal durch Telefonanrufe unterbrochen wurde, einmal war's falsch gewählt, und einmal wurde gefragt, ob das Opfer an Tanzstunden interessiert sei.

Bevor Wheel gestorben war, hatte er seinen Finger ins Tintenfaß gesteckt und eine Botschaft hingeschmiert: «Sommerschluß-Preise drastisch herabgesetzt – Alles muß raus!»

«Ein Geschäftsmann bis zum Schluß», sann Ives, sein Diener, dessen hochhackige Schuhe ihn, seltsam genug, fünf Zentimeter kleiner machten.

Die Tür zur Terrasse stand offen, und Fußspuren führten von dort weg, durch die Halle und in eine Schublade.

«Wo waren Sie, als es passierte, Ives?»

«In der Küche. Beim Geschirrspülen.» Ives zog etwas Seifenwasser aus seiner Brieftasche, um seine Geschichte zu untermauern.

«Hörten Sie etwas?»

«Er war mit einigen Männern dort drin. Sie stritten darüber, wer am größten sei. Ich meinte zu hören, wie Mr. Wheel zu jodeln begann, und Mosley, sein Geschäftspartner, anfing zu schreien: ‹Mein Gott, ich bekomme eine Glatze!› Als nächstes hörte ich ein Harfenglissando, und Mr. Wheels Kopf kam auf den Rasen herausgerollt. Ich hörte, wie Mr. Mosley ihn bedrohte. Er sagte, wenn Mr. Wheel noch einmal seine Pampelmuse berühre, würde er für ihn keine Bankanleihe unterzeichnen. Ich glaube, er hat ihn getötet.»

«Kann man die Terrassentür von innen oder von außen öffnen?» fragte Inspektor Ford Ives.

«Von außen. Warum?»

«Genau, wie ich es vermutete. Ich weiß jetzt, Sie waren es, nicht Mosley, der Clifford Wheel tötete.»

*Wie kam Inspektor Ford darauf?*

Auf Grund der Anlage des Hauses konnte Ives sich nicht hinter dem Rücken seines Arbeitgebers herangeschlichen haben. Er hätte sich vor ihm anschleichen müssen, wobei Mr. Wheel sofort aufgehört hätte, «Sorrento» zu singen, und seinerseits den Schläger gegen Ives benutzt hätte, ein Zeremoniell, das sie oftmals ausprobiert hatten.

## Ein seltsames Rätsel

Dem Anschein nach hatte Walker Selbstmord begangen. Eine Überdosis Schlaftabletten. Immer noch schien Inspektor Ford irgend etwas nicht zu stimmen. Vielleicht war es die Lage des Leichnams. Er guckte zum Fernseher heraus. Auf dem Fußboden lag ein rätselvoller Abschiedsbrief. «Liebe Edna, mein wollener Anzug kratzt mich, und so habe ich mich entschlossen, mir das Leben zu nehmen. Sorge dafür, daß unser Sohn alle seine Liegestützen macht. Ich vererbe dir mein ganzes Vermögen, mit Ausnahme meiner Melone, die ich hiermit dem Planetarium vermache. Bitte gräme dich nicht um mich, denn ich genieße es, tot zu sein, und habe es viel lieber, als Miete zu zahlen. Adieu, Henry. P. S. Es mag nicht die rechte Zeit sein, davon zu sprechen, aber ich habe guten Grund zu glauben, daß dein Bruder ein Verhältnis mit einem Huhn aus Cornwall hat.»

Edna Walker biß sich nervös auf die Unterlippe. «Was halten Sie davon, Inspektor?»

Inspektor Ford sah auf das Fläschchen Schlaftabletten auf dem Nachttisch. «Wie lange litt Ihr Gatte schon an Schlaflosigkeit?»

«Jahrelang. Es war psychisch. Er hatte Angst, wenn er die Augen zumachte, würde ihm die Stadt Zebrastreifen aufmalen.»

«Ich verstehe. Hatte er irgendwelche Feinde?»

«Nicht ernsthaft. Bis auf ein paar Zigeuner, die in der Vorstadt eine Teestube betrieben. Er beleidigte sie mal, indem er sich Ohrenschützer aufsetzte und an ihrem Sabbat vor dem Laden hin- und herhopste.»

Inspektor Ford bemerkte ein halb leergetrunkenes Glas Milch auf dem Schreibtisch. Es war noch warm. «Mrs. Walker, ist Ihr Sohn heute in die Universität gegangen?»

«Ich fürchte nein. Er wurde letzte Woche wegen unmoralischen Benehmens hinausgeworfen. Es kam völlig überraschend. Sie schnappten ihn, als er versuchte, einen Zwerg in Sauce tatar zu tauchen. Das ist etwas, was sie an einer Elite-Universität nicht dulden.»

«Und etwas, was ich nicht dulde, ist Mord. Ihr Sohn ist verhaftet.»

*Wie kam Inspektor Ford auf den Verdacht,*
*der Sohn hätte Mr. Walker umgebracht?*

Mr. Walkers Leichnam wurde mit Bargeld in den Taschen aufgefunden. Ein Mensch, der im Begriff steht, Selbstmord zu begehen, würde sicher eine Kreditkarte mitnehmen und alles quittieren.


## Das geraubte Juwel

Der Glaskasten war zertrümmert, und der Bellini-Saphir war weg. Die einzigen im Museum zurückgelassenen Spuren waren ein blondes Haar und ein Dutzend Fingerabdrücke, alle vom kleinen Finger. Der Wächter erklärte, er habe dagestanden, und da habe sich eine schwarzgekleidete Gestalt hinter ihn geschlichen und ihm einige Redenotizen über den Kopf gehauen. Gerade ehe er das Bewußtsein verlor, meinte er eine Männerstimme haben sagen hören: «Jerry, ruf deine Mutter an», aber er war nicht ganz sicher. Offensichtlich war der Dieb durch das Oberlicht hereingekommen und die Wand mit Saugschuhen hinuntergelaufen, wie eine menschliche Fliege. Die Museumswärter hielten eigentlich immer gerade für solche Fälle eine kolossale Fliegenpatsche bereit, aber diesmal hatte man sie hinters Licht geführt.

«Wieso konnte denn jemand den Bellini-Saphir haben wollen?» fragte der Museumsdirektor. «Wußten sie nicht, daß ein Fluch auf ihm liegt?»

«Was ist das denn für ein Fluch?»

«Der Saphir gehörte ursprünglich einem Sultan, der unter mysteriösen Umständen starb, als aus einer Suppentasse, aus der er gerade aß, eine Hand hervorlangte und ihn erwürgte. Der nächste Besitzer war ein englischer Lord, der eines Tages von seiner Frau gefunden wurde, wie er kopfüber in einem Blumenkasten steckte und Blüten trieb. Eine Zeitlang hörte man nichts von dem Stein; dann tauchte er Jahre später im Besitz eines Millionärs in Texas auf, der sich seine Zähne putzte, als er plötzlich Feuer fing. Wir erwarben den Saphir erst vorigen Monat, aber der Fluch scheint immer noch zu wirken, denn kurz nachdem wir ihn erhalten hatten, stellte sich das gesamte Kuratorium des Museums zu einer Polonaise auf und tanzte eine Felsenklippe hinunter.»

«Nun», sagte Inspektor Ford, «er mag ja ein Unglücksjuwel sein, aber er ist wertvoll, und wenn Sie ihn zurück haben wollen, gehen Sie zu Delikatessen-Handelmann und lassen Sie Leonhard Handelmann verhaften. Sie werden sehen, er hat den Saphir in der Hosentasche.»

*Wie konnte Inspektor Ford wissen,*
*wer der Juwelendieb war?*

Am Tag zuvor hatte Leonhard Handelmann die Bemerkung gemacht: «Jungejunge, wenn ich nur hätte einen großen Saphir, könnte ich mich herausziehen aus dem Delikatessengeschäft.»

## Der grausige Unfall

«Ich habe eben meinen Mann erschossen», weinte Cynthia Freem, während sie an der Leiche des kräftigen Mannes im Schnee stand.

«Wie ist es denn passiert?» fragte Inspektor Ford, womit er direkt zur Sache kam.

«Wir waren jagen. Quincy liebte die Jagd, wie ich auch. Wir trennten uns für einen Moment. Das Gebüsch war völlig zugewachsen. Ich nehme an, ich dachte, er sei ein Murmeltier. Ich schoß. Es war zu spät. Als ich ihm das Fell abzog, merkte ich, daß wir verheiratet waren.»

«Hmm», grübelte Inspektor Ford, während er einen flüchtigen Blick auf die Fußspuren im Schnee warf. «Sie müssen ein sehr guter Schütze sein. Es ist Ihnen gelungen, ihn genau zwischen den Augenbrauen zu treffen.»

«Oh, nein, das war Glück. Ich bin wirklich bloß ein Amateur in solchen Dingen.»

«Ich verstehe.» Inspektor Ford überprüfte die Habseligkeiten des Toten. Er hatte etwas Bindfaden in der Tasche, dazu einen Apfel von 1904 und Anweisungen, wie man sich verhält, wenn man neben einem Armenier aufwacht.

«Mrs. Freem, war das der erste Jagdunfall Ihres Gatten?»

«Sein erster tödlicher, ja. Allerdings entführte ihm einmal in den kanadischen Rockies ein Adler die Geburtsurkunde.»

«Trug Ihr Gatte ständig ein Toupet?»

«Eigentlich nicht. Er trug es gewöhnlich bei sich und nahm es hervor, wenn er bei einem Streit gefordert wurde. Warum?»

«Er macht einen exzentrischen Eindruck.»

«Er war exzentrisch.»

«Haben Sie ihn deshalb getötet?»

*Wie konnte Inspektor Ford wissen,*
*daß es kein Unfall war?*

Ein erfahrener Jäger wie Quincy Freem wäre nie in Unterhosen auf die Pirsch nach einem Hirsch gegangen. In Wirklichkeit hatte Mrs. Freem ihn zu Hause erschlagen, während er den Gockel spielte, und dann versucht, es wie einen Jagdunfall erscheinen zu lassen, indem sie seine Leiche in den Wald schleppte und eine Nummer von *Jagen und Angeln* neben ihm liegen ließ. In ihrer Eile hatte sie vergessen, ihn anzuziehen. Warum er in Unterhosen den Gockel gespielt hatte, bleibt ein ewiges Rätsel.

# Die seltsame Kindesentführung

Halb verhungert taumelte Kermit Kroll ins Wohnzimmer seiner Eltern, wo sie voller Sorge mit Inspektor Ford auf ihn warteten.

«Danke, daß ihr das Lösegeld bezahlt habt, ihr Lieben», sagte Kermit, «ich hätte nie gedacht, daß ich dort lebend herauskäme.»

«Erzähl mir davon», sagte der Inspektor.

«Ich war auf dem Weg in die Innenstadt, um meinen Hut bügeln zu lassen, als eine Limousine bremste und mich zwei Männer fragten, ob ich ein Pferd sehen wolle, das den Vertrag von Gettysburg hersagen kann. Ich sagte, klar, und stieg ein. Als nächstes wurde ich betäubt und wachte irgendwo mit verbundenen Augen an einen Stuhl gefesselt auf.»

Inspektor Ford untersuchte die Lösegeldforderung. «Liebe Mami, lieber Paps, legt in einer Tüte 50000 Dollar unter die Brücke an der Decatur Street. Wenn es an der Decatur Street keine Brücke gibt, baut bitte eine. Ich werde gut behandelt, bin gut untergebracht und bekomme gutes Essen, wenn gestern abend auch der Muschelauflauf zu lange gebacken hatte. Schickt das Geld schnell, denn wenn sie in ein paar Tagen nichts von Euch hören, wird mich der Mann, der mir das Bett macht, erdrosseln. Euer Kermit. P. S.: Das ist kein Scherz. Ich lege einen Scherz bei, da könnt ihr den Unterschied sehen.»

«Hast du irgendeine Idee, wo du gefangen gehalten worden bist?»

«Nein, ich hörte nur immer wieder vor dem Fenster ein seltsames Geräusch.»

«Seltsam?»

«Ja. Kennen Sie das Geräusch, das ein Hering macht, wenn man ihn belügt?»

«Hmm», überlegte Inspektor Ford. «Und wie bist du schließlich entwischt?»

«Ich habe ihnen gesagt, ich wollte zum Fußballspiel gehen, hätte aber bloß eine Karte. Sie sagten, es wäre okay, solange ich die Binde vor den Augen behielte und bis Mitternacht zurückkäme. Ich willigte ein, aber in der Mitte der zweiten Halbzeit lagen die Bears so stark in Führung, daß ich wegging und hierher zurückkam.»

«Sehr interessant», sagte Inspektor Ford. «Jetzt weiß ich, daß diese Kindesentführung ein fauler Zauber war. Ich glaube, du mischst dabei mit und ihr teilt euch das Geld.»

*Wie konnte Inspektor Ford das wissen?*

Obwohl Kermit Kroll noch bei seinen Eltern lebte, waren sie achtzig und er sechzig. Wirkliche Kindesentführer würden nie ein sechzigjähriges Kind entführen, weil das nicht logisch ist.

# Der irische Genius

Der Verlag Klebrig & Söhne hat die Veröffentlichung der *Kommentierten Gedichte von Sean O'Shawn*, dem großen irischen Dichter, angekündigt, der von vielen als der unverständlichste und daher hervorragendste Dichter seiner Zeit betrachtet wird. Da sein Werk reich an höchstpersönlichen Anspielungen ist, erfordert jedes Verständnis der Dichtung O'Shawns eine gründliche Kenntnis seines Lebens, die er, Wissenschaftlern zufolge, nicht einmal selber hatte.

Es folgt eine Probe aus diesem wundervollen Buch:

### Jenseits von Ichor

*Laßt uns segeln. Segeln mit*
*Fogartys Kinn nach Alexandria,*
*Während die Brüder Beamish*
*Kichernd zu dem Turme eilen,*
*Stolz auf ihr Zahnfleisch.*
*Tausend Jahre sind vergangen seit*
*Agamemnon sagte: «Macht nicht auf*
*Die Tore, wer zum Teufel braucht*
*Ein Holzpferd von der Größe?»*
*Wie ist der Zusammenhang? Nur*
*Daß Shaunnesy mit ersterbendem*
*Atem sich weigerte, einen Aperitif*
*Zum Essen zu bestellen, obwohl*
*Er einen Anspruch darauf hatte.*
*Und der tapfere Bixby konnte trotz*
*Seiner Ähnlichkeit mit einem Specht*
*Seine Unterwäsche von Sokrates*
*Nicht ohne Quittung wiederfordern.*
*Parnell hatte die Antwort, aber keiner*
*Keiner stellte ihm die Frage.*
*Keiner bis auf den alten Lafferty, dessen*
*Grober Spaß mit dem Lapislazuli eine ganze*
*Generation dazu brachte,*

Sambaunterricht zu nehmen.
Sicher, Homer war blind und das
Erklärt, warum er diesen
Ungewöhnlichen Frauen Stelldicheins gab.
Doch Aegnus und die Druiden legen
Stummes Zeugnis ab für des Menschen Suche
Nach zwangloser Veränderung.
Auch Blake träumte davon, und
O'Higgins, dem sein Anzug
Gestohlen wurde, während er noch darin steckte.
Die Zivilisation hat die Form eines
Kreises und wiederholt sich, während
O'Learys Haupt die Form hat
Eines Trapezoids.
Freuet euch! Freuet euch! Und ruft eure
Mutter hin und wieder an!

*Laßt uns segeln.* O'Shawn segelte gern, allerdings hat er es nie auf dem Meer getan. Als Junge hatte er davon geträumt, Kapitän zu werden, hatte es aber aufgegeben, als ihm jemand erzählte, was auf See Haie sind. Sein älterer Bruder James jedoch ging zur englischen Marine, wurde aber unehrenhaft entlassen, weil er einem Bootsmann Krautsalat angeschmiert hatte.

*Fogartys Kinn.* Unzweifelhaft eine Anspielung auf George Fogarty, der O'Shawn dazu überredet hatte, Dichter zu werden, und ihm versicherte, er würde trotzdem noch zu Parties eingeladen werden. Fogarty gab einen Almanach neuer Dichter heraus, und obschon dessen Verbreitung auf seine Mutter beschränkt blieb, war seine Wirkung international.

Fogarty war ein spaßhafter rotgesichtiger Ire, dessen Vorstellung von Wohlergehen war, sich auf einen öffentlichen Platz zu legen und eine Pinzette zu imitieren. Zum Schluß erlitt er einen Nervenzusammenbruch und wurde verhaftet, weil er am Karfreitag ein Paar Lederhosen gegessen hatte.

Fogartys Kinn war die Zielscheibe ungeheueren Spottes, denn es war so winzig, daß es fast überhaupt nicht da war, und bei Jim Kellys Leichenschmaus sagte er zu O'Shawn: «Ich gäbe sonstwas für ein größeres Kinn. Wenn ich nicht bald eines finde, bin ich imstande, etwas Voreiliges zu tun.» Fogarty war übrigens ein Freund Bernard Shaws und durfte einmal seinen Bart anfassen, vorausgesetzt, er scherte sich.

*Alexandria*. Verweise auf den Nahen Osten erscheinen überall im Werk O'Shawns, und sein Gedicht mit dem Anfang «Nach Bethlehem mit Seifenblasen ...» beschäftigt sich satirisch mit dem Hotelgewerbe, durch die Augen einer Mumie gesehen.

*Die Brüder Beamish*. Zwei einfältige Brüder, die versuchten, von Belfast nach Schottland zu kommen, indem sie sich mit der Post verschickten.

Liam Beamish ging mit O'Shawn auf die Jesuitenschule, wurde aber hinausgeworfen, weil er sich wie ein Biber anzog. Quincy Beamish war der Introvertiertere von den beiden und trug, bis er einundvierzig war, einen Möbelschoner auf dem Kopf. Die Brüder Beamish pflegten auf O'Shawn herumzuhacken und aßen gewöhnlich sein Mittagessen, bevor er es tat. Dennoch erinnert sich O'Shawn liebevoll ihrer, und in seinem besten Sonett: «Meine Liebe ist wie ein großer, großer Yak» erscheinen sie symbolisch als Beistelltischchen.

*Der Turm*. Als O'Shawn aus dem Haus seiner Eltern wegzog, wohnte er in einem Turm im Süden von Dublin. Es war ein sehr niedriger Turm, ungefähr ein Meter achtzig hoch, oder fünf Zentimeter kleiner als O'Shawn. Er teilte diese Wohnung mit Harry O'Connel, einem Freund mit literarischen Ansprüchen, dessen Versdrama *Der Moschusochse* abrupt aufhört, wenn alle Personen chloroformiert sind.

O'Connel hatte großen Einfluß auf O'Shawns Stil und überzeugte ihn letzten Endes davon, daß nicht jedes Gedicht mit «Rosen sind rot, Veilchen sind blau» anfangen muß.

*Stolz auf ihr Zahnfleisch*. Die Brüder Beamish hatten ungewöhnlich gutes Zahnfleisch. Liam Beamish konnte seine falschen Zähne herausnehmen und Erdnußkrokant essen, was er sechzehn Jahre lang jeden Tag tat, bis ihm jemand sagte, das wäre gar kein Beruf.

*Agamemnon*. O'Shawn war vom Trojanischen Krieg besessen. Er konnte nicht glauben, daß irgendeine Armee so dämlich wäre, während des Krieges vom Feind ein Geschenk anzunehmen. Besonders als sie nahe an das hölzerne Pferd herankamen und drinnen Kichern hörten. Diese Episode scheint den jungen O'Shawn seelisch zutiefst erschüttert zu haben, und sein ganzes Leben lang untersuchte er jedes Geschenk, das er bekam, sehr gründlich, was so weit ging, daß er mit einer Taschenlampe in ein paar Schuhe leuchtete, die er an seinem Geburtstag geschenkt bekommen hatte, und rief: «Ist da jemand drin? He? Los, kommt raus!»

*Shaunnesy.* Michael Shaunnesy, ein Mystiker und Verfasser okkulter Schriften, der O'Shawn davon überzeugte, daß es ein Leben nach dem Tode für diejenigen gebe, die Bindfaden aufheben.

Shaunnesy glaubte auch, der Mond beeinflusse unsere Tätigkeiten und daß sich während einer totalen Mondfinsternis die Haare schneiden zu lassen zu Sterilität führe. O'Shawn war von Shaunnesy sehr angetan und wendete ein gut Teil seines Lebens auf okkulte Studien, obwohl er nie sein eigentliches Ziel erreichte, nämlich ein Zimmer durchs Schlüsselloch zu betreten.

Der Mond spielt in O'Shawns späteren Gedichten eine enorme Rolle, und James Joyce erzählte er, eines seiner größten Vergnügen sei es, in einer mondhellen Nacht seinen Arm in Vanillesoße zu tauchen.

Die Anspielung auf Shaunnesys Weigerung, einen Aperitif zu bestellen, bezieht sich wahrscheinlich auf die Zeit, da die beiden Männer zusammen in Innesfree speisten und Shaunnesy durch einen Strohhalm Kichererbsen nach einer dicken Dame blies, die mit seinen Ansichten über das Einbalsamieren nicht einverstanden war.

*Bixby.* Eamon Bixby. Ein politischer Fanatiker, der das Bauchreden als Heilmittel für die Krankheiten der Welt verkündete. Er war ein bedeutender Sokratesforscher, unterschied sich aber von dem griechischen Philosophen in seiner Vorstellung vom «guten Leben» darin, daß Bixby es für unmöglich hielt, bis nicht alle dasselbe Gewicht hätten.

*Parnell hatte die Antwort.* Die Antwort, auf die O'Shawn sich bezieht, ist: «Zinn», und die Frage ist: «Was ist der Hauptexportartikel Boliviens?» Daß niemand Parnell diese Frage stellte, ist verständlich, wenngleich er einmal aufgefordert wurde, den größten lebenden pelztragenden Vierfüßler zu nennen, und er sagte: «Das Hühnchen», wofür er heftig kritisiert wurde.

*Lafferty*. John Millington Synges Fußpfleger. Ein faszinierender Charakter, der eine leidenschaftliche Liebesaffäre mit Molly Bloom hatte, bis er dahinterkam, daß sie eine literarische Gestalt sei.

Lafferty liebte derbe Späße, und einmal panierte er mit Ei und etwas Mehl Synges Plattfußeinlagen. Synges lief von da an sonderbar, und seine Anhänger ahmten ihn nach in der Hoffnung, wenn sie seine Gehweise kopierten, würden sie ebenfalls ausgezeichnete Dramen schreiben. Daher die Zeilen: «eine ganze / Generation dazu brachte, / Sambaunterricht zu nehmen.»

*Homer war blind*. Homer war das Symbol für T. S. Eliot, den O'Shawn als einen Dichter von «kolossalem Ausmaß, aber sehr geringem Umfang» betrachtete.

Die zwei Männer begegneten einander in London bei Proben zu *Mord im Dom* (das damals den Titel *Fersengeld mit Millionen Dollars* hatte). O'Shawn überredete Eliot, sich die Koteletten abnehmen zu lassen und jeden Gedanken daran aufzugeben, Flamencotänzer zu werden. Beide Schriftsteller arbeiteten dann ein Manifest aus, das die Ziele der «Neuen Dichtung» darlegte, wovon eines war, weniger Gedichte über Kaninchen zu schreiben.

*Aegnus und die Druiden*. O'Shawn wurde von der keltischen Mythologie beeinflußt, und sein Gedicht, das mit den Worten beginnt: «Clooth na bare, na bare, na bare ...» erzählt, wie die Götter des Alten Irland zwei Liebende in zwanzig Bände Encyclopaedia Britannica verwandelten.

*Zwanglose Veränderung*. Bezieht sich wohl auf O'Shawns Wunsch, «die Menschenrasse zu verändern», die er als von Grund auf entartet empfand, besonders die Jockeys. O'Shawn war unzweideutig ein Pessimist und fühlte, daß nichts Gutes von der Menschheit kommen könne, solange sie nicht einwillige, die Körpertemperatur von 37 Grad herabzusetzen, die er für übertrieben hielt.

*Blake*. O'Shawn war Mystiker und glaubte wie Blake an unsichtbare Mächte. Darin wurde er bestätigt, als sein Bruder Ben vom Blitz getroffen wurde, als er gerade an einer Briefmarke leckte. Der Blitz tötete Ben nicht, was O'Shawn der Vorsehung zuschrieb, obwohl sein Bruder siebzehn Jahre brauchte, bis er die Zunge wieder in den Mund bekam.

*O'Higgins.* Patrick O'Higgins stellte O'Shawn Polly Flaherty vor, die nach einem zehnjährigen Liebeswerben, während dessen die beiden nichts weiter taten, als sich heimlich zu treffen und gegenseitig anzukeuchen, seine Frau werden sollte. Polly wurde sich nie über das Ausmaß des Genies ihres Gatten klar und erzählte nahen Freunden, sie denke, er werde nicht so sehr wegen seiner Dichtung in Erinnerung bleiben wie wegen seiner Angewohnheit, unmittelbar vor dem Essen von Äpfeln ein durchdringendes Gekreische von sich zu geben.

*O'Learys Haupt.* Der Berg O'Leary, wo O'Shawn Polly den Heiratsantrag machte, unmittelbar bevor sie runterkullerte. O'Shawn besuchte sie im Krankenhaus und eroberte ihr Herz mit dem Gedicht «Über die Verwesung des Fleisches».

*Ruft eure Mutter an.* Auf ihrem Sterbebett bat O'Shawns Mutter, Bridget, ihren Sohn, die Dichtung aufzugeben und Staubsauger-Vertreter zu werden. Das konnte O'Shawn nicht versprechen und litt den Rest seines Lebens unter Angst- und Schuldgefühlen, obwohl er auf der Internationalen Konferenz für Dichtung in Genf an W. H. Auden und Wallace Stevens je einen Hoover verkaufte.

# Gott
## (Ein Drama)

*Szene: Athen. Ungefähr 500 v. Chr. Zwei aufgeregte Griechen in der Mitte eines riesigen leeren Amphitheaters. Sonnenuntergang. Einer ist der* SCHAUSPIELER, *der andere der* AUTOR. *Beide sind nachdenklich und verwirrt. Sie sollten von zwei guten, derb-burlesken Clowns gespielt werden.*

SCHAUSPIELER: Nichts ... einfach nichts ...

AUTOR: Was?

SCHAUSPIELER: Bedeutungslos. Hohl.

AUTOR: Der Schluß.

SCHAUSPIELER: Natürlich. Worüber reden wir? Wir reden über den Schluß.

AUTOR: Wir reden immer über den Schluß.

SCHAUSPIELER: Weil er hoffnungslos ist.

AUTOR: Ich gebe zu, er ist unbefriedigend.

SCHAUSPIELER: Unbefriedigend? Er ist nicht mal glaubhaft. Der Trick ist, mit dem Schluß anzufangen, wenn man ein Stück schreibt. Erfinde einen guten, starken Schluß und dann schreib von hinten nach vorn.

AUTOR: Das habe ich versucht. Ich bekam ein Stück ohne Anfang.

SCHAUSPIELER: Das ist absurd.

AUTOR: Absurd? Was ist absurd?

SCHAUSPIELER: Jedes Stück muß Anfang, Mitte und Schluß haben.

AUTOR: Warum?

SCHAUSPIELER (*überzeugt*): Weil alles in der Natur Anfang, Mitte und Schluß hat.

AUTOR: Und der Kreis?

SCHAUSPIELER (*denkt*): Okay ... Ein Kreis hat nicht Anfang, Mitte oder Schluß – er ist aber auch nicht sehr amüsant.

AUTOR: Diabetes, überleg dir einen Schluß. Wir spielen in drei Tagen.

SCHAUSPIELER: Ich nicht. Ich spiel nicht in diesem Sudeldrama.

Ich habe einen Ruf als Schauspieler, eine Gemeinde ... Mein Publikum erwartet, mich in einem angemessenen Stoff zu sehen.

AUTOR: Darf ich dich erinnern, du bist ein verhungerter, arbeitsloser Schauspieler, dem ich großzügig gestatte, in meinem Stück aufzutreten im Bemühen, dich bei deinem Comeback zu unterstützen.

SCHAUSPIELER: Verhungert, ja ... Arbeitslos, vielleicht ... Mit Hoffnung auf ein Comeback, mag sein – aber ein Trunkenbold?

AUTOR: Ich habe nie gesagt, du wärst ein Trunkenbold.

SCHAUSPIELER: Ja, aber ich bin auch ein Trunkenbold.

AUTOR (*in einem Anfall plötzlicher Inspiration*): Wie wär's, wenn du einen Dolch aus einem Gewand zögst und ihn dir in einem Anfall wahnsinniger Enttäuschung in die Augen stießest, bis du blind wärst?

SCHAUSPIELER: Tjaja, ein großartiger Einfall. Hast du heute schon was gegessen?

AUTOR: Stimmt was nicht?

SCHAUSPIELER: Er ist niederschmetternd. Das Publikum wirft einen Blick drauf und –

AUTOR: Ich weiß – und macht dieses lustige Geräusch mit den Lippen.

SCHAUSPIELER: Es heißt Auspfeifen.

AUTOR: Bloß einmal möchte ich den Wettstreit gewinnen! Einmal, bevor mein Leben vorüber ist, möchte ich, daß mein Stück den ersten Preis gewinnt. Und es geht mir nicht um die Gratiskiste Ouzo, sondern um die Ehre.

SCHAUSPIELER (*plötzlich begeistert*): Und wenn der König sich auf einmal anders besänne? Da haben wir eine optimistische Idee.

AUTOR: Er würde es nie tun.

SCHAUSPIELER (*versucht ihn zu begeistern*): Wenn die Königin ihn überzeugte?

AUTOR: Sie tät's nicht. Sie ist eine Hure.

SCHAUSPIELER: Aber wenn sich das trojanische Heer ergäbe –

AUTOR: Sie würden bis zum Tode weiterkämpfen.

SCHAUSPIELER: Nicht, wenn Agamemnon sein Versprechen zurücknähme.

AUTOR: Das ist nicht seine Natur.

SCHAUSPIELER: Aber ich könnte plötzlich zu den Waffen greifen und Widerstand leisten.

AUTOR: Das ist gegen deinen Charakter. Du bist ein Feigling – ein unbedeutender, elender Sklave mit der Intelligenz einer Made. Was meinst du, warum ich dir die Rolle gegeben habe?

SCHAUSPIELER: Ich habe dir sechs mögliche Schlüsse vorgeschlagen!

AUTOR: Einer plumper als der andere.

SCHAUSPIELER: Es ist das Stück, das plump ist.

AUTOR: Menschliche Wesen benehmen sich nicht so. Es liegt nicht in ihrer Natur.

SCHAUSPIELER: Was heißt hier ihre Natur? Wir sitzen auf einem hoffnungslosen Schluß fest.

AUTOR: Solange der Mensch ein rationales Lebewesen ist, kann ich als Dramatiker eine Gestalt auf der Bühne nicht Dinge tun lassen, die sie im wirklichen Leben nicht täte.

SCHAUSPIELER: Darf ich dich daran erinnern, daß wir nicht im wirklichen Leben sind.

AUTOR: Was meinst du damit?

SCHAUSPIELER: Ist dir klar, daß wir eben jetzt Figuren in einem Stück in irgendeinem Broadway-Theater sind? Werd nicht wütend auf mich, ich hab's nicht geschrieben.

AUTOR: Wir sind Figuren in einem Stück und werden bald mein Stück sehen, das ein Stück in einem Stück ist. Und sie sehen uns zu.

SCHAUSPIELER: Ja. Es ist wahnsinnig metaphysisch, nicht wahr?

AUTOR: Nicht nur metaphysisch, es ist blöd!

SCHAUSPIELER: Wärst du lieber einer von denen?

AUTOR (sieht ins Publikum): Absolut nicht. Sieh sie dir an.

SCHAUSPIELER: Dann laß uns hiermit weiterkommen!

AUTOR (murmelt): Sie haben Eintritt bezahlt.

SCHAUSPIELER: Hepatitis, ich rede mit dir!

AUTOR: Ich weiß, das Problem ist der Schluß.

SCHAUSPIELER: Es ist immer der Schluß.

AUTOR (plötzlich zum Publikum): Leute, habt ihr irgendwelche Vorschläge?

SCHAUSPIELER: Hör auf, mit dem Publikum zu reden! Tut mir leid, daß ich sie erwähnt habe.

AUTOR: Es ist phantastisch, was? Wir sind zwei alte Griechen in Athen und im Begriff, ein Stück zu sehen, das ich schrieb und in dem du spielst, und die da sind aus Queens oder irgendeinem ähnlichen schrecklichen Ort und sehen uns in irgendeinem anderen Stück zu. Wie wäre es, wenn sie auch Figuren in einem anderen Stück wären? Und irgend jemand sieht ihnen zu? Oder was, wenn nichts existiert und wir leben alle bloß im Traum von jemandem? Oder, noch schlimmer, wenn bloß der fette Kerl da unten in der dritten Reihe existierte?

SCHAUSPIELER: Darauf will ich hinaus. Was ist, wenn das Universum nicht vernünftig und die Menschen keine logische Angelegenheit sind? Dann könnten wir den Schluß ändern und er brauchte gar keinen bestimmten Vorstellungen zu entsprechen. Kannst du mir folgen?

AUTOR: Natürlich nicht. (*Zum Publikum*) Könnt ihr ihm folgen? Er ist Schauspieler. Ißt bei Sardi.

SCHAUSPIELER: Die Figuren in den Stücken hätten keine festgelegten Charaktereigenschaften und könnten sich ihre Rollen selber aussuchen. Ich würde nicht der Sklave sein müssen, bloß weil du's so geschrieben hast. Ich könnte mir aussuchen, ein Held zu sein.

AUTOR: Dann gibt es kein Stück.

SCHAUSPIELER: Kein Stück? Gut, ich bin bei Sardi.

AUTOR: Diabetes, was du im Sinn hast, ist Chaos!

SCHAUSPIELER: Ist Freiheit Chaos?

AUTOR: Ist Freiheit Chaos? Hmm ... Das ist eine schwierige Frage. (*Zum Publikum*) Ist Freiheit Chaos? Hat irgend jemand von euch Philosophie studiert?

(*Ein Mädchen aus dem Publikum antwortet*)

MÄDCHEN: Ja, ich.

AUTOR: Wer ist das?

MÄDCHEN: Eigentlich habe ich Sport studiert, mit Philosophie im Nebenfach.

AUTOR: Kannst du hier raufkommen?

SCHAUSPIELER: Zum Teufel, was machst du?

MÄDCHEN: Macht's was, wenn es das Brooklyn College war?

AUTOR: Brooklyn College? Nein, wir nehmen alles. (*Sie ist oben angekommen*)

SCHAUSPIELER: Ich bin wirklich sauer!

AUTOR: Was ärgert dich denn?

SCHAUSPIELER: Wir sind mitten in einem Stück. Wer ist sie denn?

AUTOR: In fünf Minuten fängt das Athener Dramen-Festival an, und ich habe keinen Schluß für mein Stück!

SCHAUSPIELER: Na und?

AUTOR: Ernste philosophische Fragen sind aufgeworfen worden. Existieren wir? Existieren sie? (*Er meint das Publikum*) Was ist das wahre Wesen der menschlichen Natur?

MÄDCHEN: Hallo, ich heiße Doris Levine.

AUTOR: Ich bin Hepatitis, und das ist Diabetes. Wir sind alte Griechen.

DORIS: Ich bin aus Great Neck.

SCHAUSPIELER: Schaff sie von der Bühne runter!

AUTOR (*betrachtet sie indessen von oben bis unten, weil sie reizend ist*): Sie ist sehr sexy.

SCHAUSPIELER: Was hat das damit zu tun?

DORIS: Die philosophische Grundfrage ist: Wenn ein Baum im Wald umfällt und niemand ist da und hört es – wie können wir dann wissen, daß es Lärm macht? (*Alle sehen sich verdutzt an*)

SCHAUSPIELER: Was kümmert's uns? Wir sind in der 45. Straße.

AUTOR: Willst du mit mir ins Bett?

SCHAUSPIELER: Laß die Finger von ihr!

DORIS (*zum Schauspieler*): Kümmer dich um deinen eigenen Kram.

AUTOR (*ruft hinter die Bühne*): Können wir hier mal den Vorhang fallen lassen? Bloß für fünf Minuten ... (*Zum Publikum*) Bleibt sitzen. Es wird ein Schnellschuß.

SCHAUSPIELER: Das ist unerhört! Das ist absurd! (*Zu Doris*) Hast du eine Freundin?

DORIS: Klar. (*Zum Publikum*) Diane, möchtest du nicht hier raufkommen ... Ich hab hier was mit ein paar Griechen laufen. (*Keine Antwort*) Sie ist schüchtern.

SCHAUSPIELER: Also, wir haben hier ein Stück zu spielen. Ich werde das dem Autor berichten.

AUTOR: Ich *bin* der Autor!

SCHAUSPIELER: Ich meine den Originalautor.

AUTOR (*leise zum Schauspieler*): Diabetes, ich glaube, ich kann bei ihr landen.

SCHAUSPIELER: Was meinst du mit «landen»? Du meinst mit ihr bumsen – vor all den Leuten, die zusehen?

AUTOR: Ich laß den Vorhang runter. Ein paar von denen machen's auch. Nicht viele wahrscheinlich.

SCHAUSPIELER: Du Idiot, du bist erdichtet, sie ist Jüdin – kannst du dir überhaupt vorstellen, was das für Kinder gibt?

AUTOR: Komm schon, vielleicht können wir ihre Freundin hier raufbekommen. (*Der Schauspieler geht nach links ans Telefon*) Diane? Das ist eine Gelegenheit für eine Verabredung mit – – –. (*Er sagt den Namen eines tatsächlichen Schauspielers*) Er ist ein großer Schauspieler – viel im Reklamefernsehen . . .

SCHAUSPIELER (*ins Telefon*): Gib mir 'ne Leitung nach draußen.

DORIS: Ich möchte keinen Trouble machen.

AUTOR: Das ist kein Trouble. Es hat bloß den Anschein, daß wir hier den Kontakt mit der Wirklichkeit verloren haben.

DORIS: Wer weiß schon, was wirklich Wirklichkeit ist?

AUTOR: Wie recht du hast, Doris.

DORIS (*philosophisch*): Wie oft denken die Leute nicht, sie hätten die Wirklichkeit im Griff, und worauf sie in Wirklichkeit reagieren, ist ein «fauler Zauber».

AUTOR: Mich zieht's zu dir, da bin ich sicher, das ist wirklich.

DORIS: Ist Sex wirklich?

AUTOR: Selbst wenn er's nicht ist, ist er immer noch eine der besten fiktiven Tätigkeiten, die der Mensch fertigbringt. (*Er reißt sie an sich, sie löst sich*)

DORIS: Nein. Nicht hier.

AUTOR: Warum nicht?

DORIS: Ich weiß nicht. Es ist so meine Art.

AUTOR: Hast du's schon mal mit einer Dramenfigur gemacht?

DORIS: Am dramatischsten war's mit einem Italiener.

SCHAUSPIELER (*er ist am Telefon, wir hören gedämpft eine Party am anderen Ende*): Hallo?

TELEFON (*Stimme des Dienstmädchens*): Hallo, hier bei Mr. Allen.

SCHAUSPIELER: Hallo, kann ich Mr. Allen sprechen?

STIMME DES DIENSTMÄDCHENS: Wer ist dort, bitte?

SCHAUSPIELER: Eine der Figuren aus seinem Stück.

DIENSTMÄDCHEN: Einen Augenblick. Mr. Allen, eine Dramen-figur ist am Apparat.

SCHAUSPIELER (*zu den anderen*): Jetzt sehen wir, was mit euch verliebten Täubchen passiert.

WOODYS STIMME: Hallo.

SCHAUSPIELER: Mr. Allen?

WOODY: Ja?

SCHAUSPIELER: Hier spricht Diabetes.

WOODY: Wer?

SCHAUSPIELER: Diabetes. Ich bin eine Gestalt, die Sie geschaffen haben.

WOODY: O ja ... Ich erinnere mich, Sie sind eine ziemlich schlecht gezeichnete Gestalt ... sehr flach.

SCHAUSPIELER: Danke.

WOODY: He – wird das Stück nicht jetzt gespielt?

SCHAUSPIELER: Deswegen rufe ich ja an. Wir haben ein fremdes Mädchen hier oben auf der Bühne, und sie will nicht wieder runter, und Hepatitis ist plötzlich scharf auf sie.

WOODY: Wie sieht sie denn aus?

SCHAUSPIELER: Sie ist hübsch, aber sie gehört nicht dazu.

WOODY: Blond?

SCHAUSPIELER: Brünett ... langes Haar.

WOODY: Hübsche Beine?

SCHAUSPIELER: Ja.

WOODY: Schöner Busen?

SCHAUSPIELER: Sehr nett.

WOODY: Behaltet sie da, ich bin gleich drüben.

SCHAUSPIELER: Sie ist Philosophiestudentin. Aber sie hat keine wirklichen Antworten ... Typisches Produkt der Cafeteria im Brooklyn College.

WOODY: Das ist lustig, ich habe dieselben Worte in *Mach's noch einmal, Sam* benutzt, um ein Mädchen zu charakterisieren.

SCHAUSPIELER: Ich hoffe, es ist dort mehr darüber gelacht worden.

WOODY: Holen Sie sie mal ran.

SCHAUSPIELER: Ans Telefon?

WOODY: Sicher.

SCHAUSPIELER (*zu Doris*): Es ist für dich.

DORIS (*flüstert*): Ich hab ihn im Kino gesehen. Sieh zu, daß du ihn los wirst.

SCHAUSPIELER: Er hat das Stück geschrieben.

DORIS: Es ist affektiert.

SCHAUSPIELER (*ins Telefon*): Sie will Sie nicht sprechen. Sie sagt, Ihr Stück ist affektiert.

WOODY: O Gott. Okay, rufen Sie mich wieder an und erzählen Sie mir, wie das Stück endet.

SCHAUSPIELER: In Ordnung. (*Er legt auf, dann stutzt er, als er merkt, was der Autor gesagt hat*)

DORIS: Kann ich eine Rolle in eurem Stück bekommen?

SCHAUSPIELER: Ich begreife nicht. Bist du eine Schauspielerin oder ein Mädchen, das eine Schauspielerin spielt?

DORIS: Ich wollte immer Schauspielerin werden. Meine Mutter hoffte, ich würde Krankenschwester. Paps war der Meinung, ich sollte in die gute Gesellschaft heiraten.

SCHAUSPIELER: Und wovon lebst du?

DORIS: Ich arbeite für eine Firma, die so trickige flache Servierschüsseln für Chinarestaurants herstellt.

(*Ein Grieche kommt aus der Kulisse*)

TRICHINOSIS: Diabetes, Hepatitis. Ich bin's, Trichinosis. (*Improvisierte Begrüßung*) Ich komme gerade von einer Diskussion mit Sokrates auf der Akropolis, und er hat mir bewiesen, daß ich nicht existiere, also bin ich ziemlich geknickt. Aber es heißt immer noch, ihr brauchtet einen Schluß für euer Stück. Ich glaube, ich habe genau das Richtige.

AUTOR: Wirklich?

TRICHINOSIS: Wer ist sie denn?

DORIS: Doris Levine.

TRICHINOSIS: Doch nicht aus Great Neck?

DORIS: Ja.

TRICHINOSIS: Kennst du die Rappaports?

DORIS: Myron Rappaport?

TRICHINOSIS (*nickt*): Wir haben beide für die Liberale Partei gearbeitet.

DORIS: Was für ein Zufall.

TRICHINOSIS: Du hattest ein Verhältnis mit Bürgermeister Lindsay.

DORIS: Ich wollte – aber er nicht.

AUTOR: Wie geht der Schluß?

TRICHINOSIS: Du bist viel hübscher, als ich dachte.

DORIS: Wirklich?

TRICHINOSIS: Ich hätte Lust, jetzt gleich mit dir zu schlafen.

DORIS: Das ist mein Glücksabend heute. (*Trichinosis nimmt sie leidenschaftlich beim Handgelenk*) Bitte. Ich bin Jungfrau. Muß ich das noch sagen?

*Der Souffleur mit Buch guckt aus der Kulisse, er trägt einen Sweater)*

SOUFFLEUR: «Bitte. Ich bin Jungfrau.» Ja. (*Ab*)

AUTOR: Wie geht der verdammte Schluß?

TRICHINOSIS: Hä? Oh – (*ruft hinaus*) Jungs!

(*Ein paar Griechen rollen eine komplizierte Maschine heraus*)

AUTOR: Was ist denn das, zum Kuckuck?

TRICHINOSIS: Der Schluß für euer Stück.

SCHAUSPIELER: Begreif ich nicht.

TRICHINOSIS: Diese Maschine, für deren Konstruktion ich sechs Monate im Laden meines Schwagers zugebracht habe, enthält die Antwort.

AUTOR: Wie?

TRICHINOSIS: In der Schlußszene – wenn alles düster aussieht und Diabetes, der elende Sklave, in äußerst hoffnungsloser Lage ist –

SCHAUSPIELER: Ja?

TRICHINOSIS: – schwebt Zeus, der Göttervater, seine Blitze schleudernd dramatisch aus der Höhe hernieder und bringt einer dankbaren, aber hilflosen Schar Sterblicher die Rettung.

DORIS: *Deus ex machina.*

TRICHINOSIS: He – das ist aber ein toller Name für das Ding!

DORIS: Mein Vater arbeitet bei Westinghouse.

AUTOR: Ich kapier's immer noch nicht.

TRICHINOSIS: Warte, bis du das Ding in Aktion siehst. Es fliegt Zeus ein. Ich mache noch ein Vermögen mit dieser Erfindung. Sophokles hat für eine angezahlt. Euripides will zwei.

AUTOR: Aber das verändert den Sinn des Stücks.

TRICHINOSIS: Red nicht, bis du's vorgeführt siehst. Bursitis, leg dir das Fluggeschirr an.

BURSITIS: Ich?

TRICHINOSIS: Tu, was ich dir sage. Ihr werdet's nicht glauben wollen.

BURSITIS: Ich habe Angst vor dem Ding.

TRICHINOSIS: Er macht Witze ... Los, du Idiot, wir haben das Geschäft fast in der Tasche. Er wird's schon machen. Ha, ha ...

BURSITIS: Ich bin nicht schwindelfrei.

TRICHINOSIS: Steig ein! Beeil dich! Los! Steig in deinen Zeusanzug! Eine Vorführung!

(*Geht ab, als Bursitis protestiert*)

BURSITIS: Ich möchte meinen Agenten sprechen.

AUTOR: Aber du sagst doch, Gott kommt am Schluß und rettet alles.

SCHAUSPIELER: Mir gefällt's! Das gibt den Leuten was für ihr Geld!

DORIS: Er hat recht. Es ist wie in diesen Bibelfilmen aus Hollywood.

AUTOR (*baut sich etwas zu dramatisch in der Bühnenmitte auf*): Aber wenn Gott alles rettet, ist der Mensch nicht verantwortlich für seine Taten.

SCHAUSPIELER: Du wunderst dich, warum du zu keinen Parties mehr eingeladen wirst ...

DORIS: Aber ohne Gott ist das Universum sinnlos. Das Leben ist sinnlos. Wir sind sinnlos. (*Pause. Totenstille*) Ich habe plötzlich den überwältigenden Drang, gebumst zu werden.

AUTOR: Jetzt bin ich nicht in der Stimmung.

DORIS: Wirklich? Würde jemand im Publikum sich was draus machen, es mit mir zu treiben?

AUTOR: Hör auf damit! (*zum Publikum*) Sie meint's nicht ernst, Leute.

AUTOR: Ich bin deprimiert.

SCHAUSPIELER: Was plagt dich denn?

AUTOR: Ich weiß nicht, ob ich an Gott glaube.

DORIS (*zum Publikum*): Ich mein's ernst.

SCHAUSPIELER: Wenn es keinen Gott gibt, wer schuf dann das Universum?

AUTOR: Ich bin noch nicht sicher.

SCHAUSPIELER: Wer, meinst du dann, wenn du noch nicht sicher bist!? Wann wirst du es denn wissen?

DORIS: Will da unten irgend jemand mit mir schlafen?

MANN (*erhebt sich im Publikum*): Ich werd mit dem Mädchen schlafen, wenn sonst keiner will.

DORIS: Wollen Sie, mein Herr?

MANN: Was ist denn mit denen allen los? Ein schönes Mädchen wie das da! Gibt's hier keine heißblütigen Männer im Publikum? Ihr seid alle bloß ein Haufen New Yorker linker, jüdischer, intellektueller Schickeria-Kommunisten –

(*Lorenzo Miller kommt aus der Kulisse. Er trägt heutige Kleidung*)

LORENZO: Setzen Sie sich. Wollen Sie sich bitte setzen!?

MANN: Okay, okay.

AUTOR: Wer sind Sie denn?

LORENZO: Lorenzo Miller. Ich habe dieses Publikum geschaffen. Ich bin Schriftsteller.

AUTOR: Wie meinen Sie?

LORENZO: Ich schrieb: Eine große Menge Leute aus Brooklyn, Queens, Manhattan und Long Island gehen ins Golden Theater und besehen sich ein Stück. Da sind sie.

DORIS (*zeigt aufs Publikum*): Sie meinen, die sind ebenfalls erfunden? (*Lorenzo nickt*) Ihnen steht nicht frei zu tun, was ihnen gefällt?

LORENZO: Sie denken, sie könnten's, aber sie tun immer das, was von ihnen erwartet wird.

(*Eine Frau steht plötzlich ganz wütend im Publikum auf*)

FRAU: Ich bin nicht erfunden!

LORENZO: Tut mir leid, gnädige Frau, Sie sind's.

FRAU: Aber ich habe einen Sohn auf der Handelsschule in Harvard.

LORENZO: Ich habe Ihren Sohn geschaffen. Er ist nicht nur fiktiv, er ist auch homosexuell.

MANN: Ich werd euch mal zeigen, wie erdichtet ich bin. Ich verlasse dieses Theater und hole mir mein Geld zurück. Das ist ein doofes Stück. In Wirklichkeit ist das gar kein Stück. Wenn ich ins Theater gehe, will ich was mit Handlung sehen – mit Anfang, Mitte und Schluß – und nicht so einen Mist. Gute Nacht. (*Geht beleidigt den Gang entlang ab*)

LORENZO (*zum Publikum*): Ist er nicht eine fabelhafte Figur? Ich schrieb ihn sehr wütend. Später fühlt er sich schuldig und begeht Selbstmord. (*Geräusch: Schuß*) Später!!

MANN (*kommt mit einer rauchenden Pistole zurück*): Tut mir leid, hab ich's zu schnell gemacht?

LORENZO: Hau hier ab!

MANN: Ich gehe zu Sardi. (*Ab*)

LORENZO (*im Publikum, spricht verschiedene Leute des tatsächlichen Publikums an*): Wie heißen Sie, mein Herr? Aha. (*Improvisation, die davon abhängt, was das Publikum sagt*) Wo sind Sie her? Ist er nicht nett? Fabelhafte Gestalt. Muß dran erinnern, daß man ihn anders anzieht. Später verläßt diese Frau hier ihren Mann wegen dieses Burschen da. Schwer zu glauben, ich weiß. Oh – sehen Sie sich diesen Kerl an. Später vergewaltigt er diese Dame dort.

AUTOR: Es ist schrecklich, erdichtet zu sein. Wir sind alle so begrenzt.

LORENZO: Nur durch die Grenzen des Dramatikers. Unglücklicherweise bist du zufällig von Woody Allen geschrieben worden. Überleg mal, wenn du von Shakespeare geschrieben worden wärst.

AUTOR: Ich akzeptiere das nicht. Ich bin ein freier Mensch und hab's nicht nötig, daß Gott einfliegt und mein Stück rettet. Ich bin ein guter Schriftsteller.

DORIS: Du willst das Athener Dramen-Festival gewinnen, gell?

AUTOR (*plötzlich pathetisch*): Ja. Ich will unsterblich sein. Ich will nicht einfach sterben und vergessen werden. Ich will, daß meine Werke lange weiterleben, nachdem mein irdischer Leib vergangen ist. Ich will, daß zukünftige Generationen wissen, daß ich mal existierte! Laßt mich bitte kein sinnloses Pünktchen sein, das durch die Ewigkeit schwebt. Ich danke Ihnen, meine Damen und Herren. Ich nehme den «Goldenen Tony» gern an und danke David Merrick . . .

DORIS: Mich kümmert nicht, was Sie alle sagen, ich bin wirklich.

LORENZO: Nicht wirklich wirklich.

DORIS: Ich denke, darum bin ich. Oder besser noch, ich *fühle* – ich habe einen Orgasmus.

LORENZO: Tatsächlich?

DORIS: Immerfort.

LORENZO: Wirklich?

DORIS: Sehr oft.

LORENZO: Ja?

DORIS: Die meiste Zeit habe ich einen, ja.

LORENZO: Ja?

DORIS: Mindestens die Hälfte der Zeit.

LORENZO: Nein.

DORIS: Doch! Mit bestimmten Männern ...

LORENZO: Schwer zu glauben.

DORIS: Nicht unbedingt durch Geschlechtsverkehr. Normalerweise geschieht es mündlich –

LORENZO: Aha.

DORIS: Natürlich mach ich da auch nur so, als ob. Ich möchte niemanden beleidigen.

LORENZO: Hast du jemals einen Orgasmus gehabt?

DORIS: Nicht wirklich. Nein.

LORENZO: Weil keiner von uns wirklich ist.

AUTOR: Aber wenn wir nicht wirklich sind, können wir nicht sterben.

LORENZO: Nein. Es sei denn, der Dramatiker beschließt, uns zu töten.

AUTOR: Warum sollte er so was tun?

(*Aus den Kulissen tritt Blanche Dubois auf*)

BLANCHE: Weil, mein Süßer, das etwas befriedigt, was ihr – ästhetisches Feingefühl genannt wird.

(*Alle drehen sich um und sehen sie an*)

AUTOR: Wer sind Sie denn?

BLANCHE: Blanche. Blanche Dubois. Das bedeutet «weißes Gehölz». Nicht aufstehen, bitte – ich komm bloß eben mal vorbei.

DORIS: Was machen Sie denn hier?

BLANCHE: Zuflucht suchen. Ja – in diesem alten Theater ... Ich konnte nicht umhin, Ihre Unterhaltung mitzuhören. Könnte ich eine Cola mit etwas Bourbon haben?

SCHAUSPIELER (*erscheint. Wir haben nicht bemerkt, daß er entschlüpft war*): Ist ein Seven Up okay?

AUTOR: Wo warst du denn, zum Teufel?

SCHAUSPIELER: Ich war auf der Toilette.

AUTOR: Mitten im Stück?

SCHAUSPIELER: In welchem Stück? (*Zu Blanche*) Wollen Sie ihm bitte mal klarmachen, daß wir alle begrenzt sind.

BLANCHE: Ich fürchte, das ist nur zu wahr. Zu wahr und zu grauenhaft. Deswegen bin ich auch aus meinem Stück weggelaufen. Geflüchtet. Oh, nicht daß Tennessee Williams kein großer Schriftsteller wäre, aber Herzchen – er hat mich mitten in einen Alptraum gesteckt. Das letzte, woran ich mich erinnere, ist, daß ich von zwei Fremden rausgeschafft wurde, einer hatte eine Zwangsjacke in der Hand. Einmal draußen aus der Wohnung von Kowalski, riß ich mich los und rannte weg. Ich muß unbedingt in ein anderes Stück rein, ein Stück, in dem Gott existiert ... irgendwo, wo ich endlich ausruhen kann. Deswegen müßt ihr mich in euer Stück einbauen und Zeus, dem jungen hübschen Zeus, erlauben, mit seinen Blitzstrahlen zu triumphieren.

AUTOR: Du warst auf der Toilette?

TRICHINOSIS (*tritt auf*): Alles bereit zur Vorführung.

BLANCHE: Eine Vorführung. Wie wundervoll!

TRICHINOSIS (*ruft hinter die Bühne*): Fertig da draußen? Okay, das ist jetzt der Schluß des Stückes. Alles sieht für den Sklaven hoffnungslos aus ... Alle weiteren Möglichkeiten sind ihm verschlossen. Er betet. Macht weiter.

SCHAUSPIELER: Oh, Zeus. Du großer Gott! Wir sind verwirrte und hilflose Sterbliche. Bitte sei barmherzig und ändere unser Leben. (*Nichts passiert*) Äh ... Großer Zeus ...

TRICHINOSIS: Macht schon, Jungs! Jessasmaria.

SCHAUSPIELER: Oh, großer Gott. (*Plötzlich gibt es einen Donnerschlag und einen großartigen Blitz. Die Wirkung ist fabelhaft: Zeus steigt herab, majestätisch Blitzstrahlen schleudernd.*)

BURSITIS (*als Zeus*): Ich bin Zeus, der Gott der Götter! Bewirker von Wundern! Schöpfer des Universums! Rettung bringe ich euch allen!

DORIS: Wartet nur, wenn die von Westinghouse das sehen!

TRICHINOSIS: Na, Hepatitis, was meinst du?

AUTOR: Toll! Es ist besser, als ich's erwartete. Es ist dramatisch, es ist zündend. Ich werde das Festival gewinnen! Ich bin Sieger. Es ist so heilig. Guck mal, mich schaudert! Doris! (*Er packt sie*)

DORIS: Nicht jetzt.

(*Allgemeiner Abgang, Lichtwechsel ...*)

AUTOR: Ich muß sofort einiges umschreiben.

TRICHINOSIS: Ich vermiete dir meine Göttermaschine für sechsundzwanzig-fünfzig die Stunde.

AUTOR (*zu Lorenzo*): Würdest du mein Stück ansagen?

LORENZO: Klar, geh nur. (*Alle ab. Lorenzo bleibt und tritt vor das Publikum. Als er zu sprechen beginnt, tritt ein griechischer Chor auf und setzt sich im Hintergrund des Amphitheaters hin. Weiß gekleidet, selbstverständlich.*) Guten Abend und willkommen beim Athener Dramen-Festival. (*Geräusch: Beifall*) Wir haben heute abend ein großes Schauspiel für Sie bereit. Ein neues Stück von Hepatitis von Rhodos, mit dem Titel «Der Sklave». (*Geräusch: Beifall*) Es treten auf Diabetes als der Sklave, Bursitis als Zeus, Blanche Dubois und Doris Levine aus Great Neck. (*Beifall*) Das Schauspiel wird Ihnen offeriert von Gregory Londos' Lamm-Restaurant gleich gegenüber vom Parthenon. Seid keine Medusen mit Schlangen in *eurem* Haar, wenn ihr nach einem Restaurant sucht, wo man gut essen gehen kann. Versucht Gregory Londos' Lamm-Restaurant. Denkt daran, Homer liebte es – und war blind! (*Ab. Diabetes spielt den Sklaven namens Phidipides, und er kommt jetzt gerade mit einem anderen griechischen Sklaven herein, als der Chor die Sache in die Hand nimmt*)

CHOR: Sammelt euch in der Runde, ihr Griechen, und gebt acht auf die Geschichte von Phidipides – so weise, so feurig, so durchdrungen von den Herrlichkeiten Griechenlands.

DIABETES: Meine Frage ist, was sollen wir mit so einem großen Pferd?

FREUND: Aber sie wollen es uns umsonst geben.

DIABETES: Na und? Wer braucht es? Es ist ein großes Holzpferd ... Was zum Teufel sollen wir denn damit anfangen? Es ist nicht mal ein hübsches Pferd. Höre, was ich dir sage, Cratinus – als griechischer Staatsmann würde ich niemals den Trojanern trauen. Hast du bemerkt, daß sie sich nie einen Tag freinehmen?

FREUND: Hast du schon von Zyklops gehört? Er hat eine Mittelaugenentzündung.

STIMME (*von draußen*): Phidipides! Wo ist bloß dieser Sklave?

DIABETES: Komme schon, Meister!

MEISTER (*tritt auf*): Phidipides – da bist du ja! Es gibt zu tun. Die Trauben müssen gepflückt werden, mein Triumphwagen muß repariert werden, wir brauchen Wasser vom Brunnen – und du machst ein Schmus hier draußen.

DIABETES: Ich hab nicht gemacht ein Schmus, Meister, ich hab über Politik geredet.

MEISTER: Ein Sklave, der über Politik redet! Ha, ha!

CHOR: Ha, ha ... Das ist köstlich.

DIABETES: Tut mir leid, Meister.

MEISTER: Du und die neue hebräische Sklavin macht das Haus sauber. Ich erwarte Gäste. Dann macht mit euren anderen Aufgaben weiter.

DIABETES: Die neue Hebräerin?

MEISTER: Doris Levine.

DORIS: Ihr rieft?

MEISTER: Macht sauber! Los, beeilt euch.

CHOR: Armer Phidipides. Ein Sklave! Und wie alle Sklaven sehnte er sich nur nach einem.

DIABETES: Größer zu sein.

CHOR: Frei zu sein.

DIABETES: Ich will gar nicht frei sein.

CHOR: Nein?

DIABETES: Ich hab's *so* gern. Ich weiß, was man von mir erwartet. Ich bin versorgt. Ich brauche keine Entscheidungen zu treffen. Ich bin als Sklave geboren und werde als Sklave sterben. Ich habe keine Bange.

CHOR: Buh ... buh ...

DIABETES: Ach, was wißt ihr schon, ihr Chorknaben. (*Er küßt Doris, sie reißt sich los*)

DORIS: Nicht doch!

DIABETES: Warum nicht? Doris, du weißt, mein Herz ist von Liebe schwer – oder wie ihr Hebräer gerne sagt: ick ha'n Ding für dir ssu laufen.

DORIS: Das kann nicht gutgehen.

DIABETES: Warum nicht?

DORIS: Weil du gern Sklave bist und ich das hasse. Ich will meine Freiheit. Ich will reisen und Bücher schreiben, in Paris leben, vielleicht eine Frauenzeitschrift gründen.

DIABETES: Was soll das Geschrei um die Freiheit? Sie ist gefährlich. Wissen, wo man bleiben kann, das ist sicher. Siehst du nicht, Doris, Regierungen wechseln jede Woche, politische Führer bringen sich gegenseitig um, Städte werden geplündert, Menschen gefoltert. Wenn's einen Krieg gibt, was meinst du, wer getötet wird? Die freien Menschen. Aber wir sind sicher, denn ganz egal, wer an der Macht ist, sie brauchen alle jemanden, der den Dreck wegräumt. (*Er packt sie*)

DORIS: Bitte nicht. Solange ich noch Sklavin bin, kann ich niemals am Sex Gefallen finden.

DIABETES: Könntest du nicht so tun, als ob?

DORIS: Vergiß es.

CHOR: Und dann griff eines Tages der Zufall ein.

(*Das Ehepaar Zufall tritt auf, das wie amerikanische Touristen gekleidet ist, sie tragen grelle Hawaiihemden, Bob hat eine Kamera um den Hals*)

BOB: Hallo, ich heiße Bob Zufall, das hier ist meine Frau Wendy. Wir brauchen jemanden, der eine dringende Botschaft zum König bringt.

DIABETES: Zum König?

BOB: Du würdest der Menschheit einen großen Dienst erweisen.

DIABETES: Würde ich?

WENDY: Ja, aber es ist ein gefährlicher Auftrag, und selbst als Sklave kannst du nein sagen.

DIABETES: Nein.

BOB: Aber das gibt dir die Möglichkeit, den Palast in all seiner Pracht zu sehen.

WENDY: Und der Lohn ist deine Freiheit.

DIABETES: Meine Freiheit? Ja, gut, ich würde Ihnen gerne helfen, aber ich habe einen Braten im Ofen.

DORIS: Laß mich es machen.

BOB: Es ist zu gefährlich für eine Frau.

DIABETES: Sie ist eine sehr flotte Läuferin.

DORIS: Phidipides, wie kannst du dich nur weigern?!

DIABETES: Wenn man ein Feigling ist, kommt Verschiedenes von selbst.

WENDY: Wir flehen dich an – bitte –

BOB: Das Schicksal der Menschheit hängt am seidenen Faden.

WENDY: Wir erhöhen die Belohnung. Freiheit für dich und jeden Menschen deiner Wahl.

BOB: Plus ein sechzehnteiliges Silberbesteck zur Verlobung.

DORIS: Phidipides, das ist unsere Chance.

CHOR: Mach schon, du Pflaume.

DIABETES: Eine gefährliche Aufgabe, auf die persönliche Freiheit folgt? Mir wird schlecht.

WENDY (*übergibt ihm einen Briefumschlag*): Bring diese Botschaft zum König.

DIABETES: Warum können Sie sie nicht hinbringen?

BOB: Wir reisen in ein paar Stunden nach New York ab.

DORIS: Phidipides, du sagst, du liebst mich –

DIABETES: Das tu ich.

CHOR: Komm, mach schon, Phidipides, das Stück hängt durch.

DIABETES: Entscheidungen, Entscheidungen ... (*Das Telefon klingelt, er geht ran*) Hallo?

WOODYS STIMME: Wirst du vielleicht die verdammte Botschaft zum König bringen? Wir möchten gerne hier alle weg, zum Teufel.

DIABETES (*legt auf*): Ich mach's. Aber nur, weil mich Woody drum gebeten hat.

CHOR (*singt*): Ach, Professor Higgins –

DIABETES: Das ist das verkehrte Stück, ihr Idioten!

DORIS: Viel Glück, Phidipides.

WENDY: Das wirst du wirklich nötig haben.

DIABETES: Was meinen Sie damit?

WENDY: Bob hier ist wirklich ein grober Witzbold.

DORIS: Wenn wir frei sind, gehen wir ins Bett, und vielleicht hab ich ausnahmsweise Spaß dran.

HEPATITIS (*platzt auf die Bühne*): Und manchmal ein bißchen Gras, bevor ihr's macht –

SCHAUSPIELER: Du bist der Autor!

HEPATITIS: Ich konnte nicht widerstehen. (*Ab*)

DORIS: Geh doch!

DIABETES: Ich geh schon!

CHOR: Und so begab sich Phidipides auf seine Reise, um König Ödipus eine wichtige Botschaft zu überbringen.

DIABETES: König Ödipus?

CHOR: Ja.

DIABETES: Ich hab gehört, er wohnt bei seiner Mutter. (*Wind und Blitze, während der Sklave sich mühsam weiterschleppt*)

CHOR: Über tiefe Berge, durch hohe Täler.

DIABETES: Hohe Berge und tiefe Täler. Wo haben wir bloß diesen Chor her?

CHOR: Den Erinnyen kann er nimmer entrinnien.

DIABETES: Die Erinnyen sind mit den Zufalls zusammen essen. Sie sind nach Chinatown gegangen. Zur Hong Fat Noodle Company.

HEPATITIS (*tritt auf*): Sam Wo ist besser.

DIABETES: Bei Sam Wo wartet immer 'ne Schlange davor.

CHOR: Nicht, wenn man nach Lee fragt. Er besorgt euch Platz, aber ihr müßt ihm Trinkgeld geben. (*Hepatitis ab*)

DIABETES (*stolz*): Gestern war ich noch ein lausiger Sklave, hatte mich noch nie aus dem Besitz meines Meisters gewagt, heute trage ich eine Botschaft zum König, zum König persönlich. Ich sehe die Welt. Bald bin ich ein freier Mann. Plötzlich eröffnen sich mir menschliche Möglichkeiten. Und infolgedessen – habe ich den unbändigen Drang, mich zu übergeben. Na, schön . . . (*Wind*)

CHOR: Tage werden zu Wochen, Wochen zu Monaten. Immer noch kämpft sich Phidipides weiter.

DIABETES: Könnt ihr die verdammte Windmaschine mal abstellen?

CHOR: Armer Phidipides, du Sterblicher.

DIABETES: Ich bin müde, ich bin erschöpft, ich bin krank. Ich kann nicht weiter. Meine Hand zittert ... (*Der Chor beginnt, einen langsamen «Dixie» zu summen*) Überall um mich her sterben Menschen, Krieg und Elend, Bruder gegen Bruder; der Süden, reich an Traditionen; der Norden, hauptsächlich Industrie. Präsident Lincoln schickt das Unionsheer, um die Plantage zu zerstören. Das alte Gehöft. Baumwolle – kommt den Fluß herunter ... (*Hepatitis kommt und starrt ihn an*) Schlümm, schlümm, Fräulein Eva – Ich komm nicht übers Eis. Es sind General Beauregard und Robert E. Lee ... Ach – (*bemerkt Hepatitis, der ihn anstarrt*) ich – ich – ... es riß mich hin. (*Hepatitis packt ihn am Genick und zieht ihn zur Seite*)

HEPATITIS: Komm mal her! Zum Teufel, was machst du denn?!

DIABETES: Wo ist der Palast? Ich laufe tagelang herum! Was ist das denn bloß für ein Stück!? Wo zum Kuckuck ist der gottverdammte Palast? In Wanne-Eickel?

HEPATITIS: Du bist am Palast, wenn du bloß aufhören würdest, mir das Stück kaputtzumachen! Wache! Los, jetzt, erscheine.

(*Eine mächtige Wache tritt auf*)

WACHE: Wer bist du?

DIABETES: Phidipides.

WACHE: Was führt dich zum Palast?

DIABETES: Zum Palast? Bin ich schon da?

WACHE: Ja. Das ist der königliche Palast. Das schönste Bauwerk in ganz Griechenland, marmorn, majestätisch und mietpreisgebunden.

DIABETES: Ich bringe eine Botschaft für den König.

WACHE: Oh, ja, er erwartet dich.

DIABETES: Meine Kehle ist ausgedörrt, und ich habe seit Tagen nichts gegessen.

WACHE: Ich werde den König rufen.

DIABETES: Wie wär's mit einem Roastbeefbrötchen?

WACHE: Ich hole den König und ein Roastbeefbrötchen. Wie möchtest du's?

DIABETES: Medium.

WACHE (*zieht einen Schreibblock hervor und schreibt*): Einmal Medium. Es wird mit Beilage serviert.

DIABETES: Was habt ihr da?

WACHE: Moment mal, heute ... Möhren oder gebackene Kartoffeln.

DIABETES: Ich nehme die gebackenen Kartoffeln.

WACHE: Kaffee?

DIABETES: Bitte. Und eine getoastete Frackschleife – wenn ihr eine habt – und den König.

WACHE: In Ordnung. (*Beim Abgehen*) Einmal Roastbeef für mich und Kaffee einfach.

(*Zufalls gehen fotografierend über die Bühne*)

BOB: Wie gefällt dir der Palast?

DIABETES: Ich find ihn toll.

BOB (*gibt seiner Frau die Kamera*): Mach mal eins von uns beiden.

(*Während sie fotografiert:*)

DIABETES: Ich dachte, Sie beide wollten nach New York zurück.

WENDY: Du weißt, wie der Zufall ist.

BOB: Unzuverlässig. Nimm's halt leicht.

DIABETES (*neigt sich vor, um an der Blume an Bobs Revers zu riechen*): Das ist aber eine hübsche Blume. (*Bekommt einen Wasserstrahl ins Auge, als Zufall lacht*)

BOB: Tut mir leid, ich konnte nicht widerstehen. (*Reicht ihm die Hand. Diabetes nimmt sie. Bekommt einen elektrischen Schlag von einem Summsumm*)

DIABETES: Ahhhh!

WENDY: Er spielt den Leuten gerne einen Schabernack. (*Zufalls lachend ab*)

DIABETES (*zum Chor*): Ihr wußtet, daß er mir eins auswischen wollte.

CHOR: Er ist ein irrer Schelm.

DIABETES: Warum habt ihr mich nicht gewarnt?

CHOR: Wir wollen nicht mit reingezogen werden.

DIABETES: Ihr wollt nicht mit reingezogen werden? Ihr wißt, eine Frau ist auf der Linie 5 erstochen worden, während sechzehn Leute zusahen und nicht halfen.

CHOR: Wir haben's in den *Daily News* gelesen, und es war die Linie 7.

DIABETES: Wenn ein einziger Mensch den Mumm gehabt hätte, ihr zu helfen, wäre sie vielleicht heute hier.

FRAU (*tritt auf mit Messer in der Brust*): Ich bin da.

DIABETES: Daß ich meinen Schnabel nicht halten kann!

FRAU: Da arbeitet eine Frau ihr ganzes Leben auf der Rue de Trappe. Ich lese die *Post*, sechs Rowdies – Hascher, Fixer – packen mich und werfen mich um.

WACHE: Es waren nicht sechs, es waren drei.

FRAU: Drei, sechs – sie hatten ein Messer und wollten mein Geld.

DIABETES: Du hättest es ihnen geben sollen.

FRAU: Hab ich ja. Sie haben mich trotzdem erstochen.

CHOR: So ist New York. Du gibst ihnen das Geld und wirst trotzdem erstochen.

DIABETES: New York? So ist es überall. Ich spazierte mit Sokrates mitten in Athen rum, da kommen zwei Jünglinge aus Sparta hinter der Akropolis hervorgestürzt und wollen unser ganzes Geld.

FRAU: Und was passierte?

DIABETES: Sokrates bewies ihnen mittels einfacher Logik, daß das Böse bloß Unkenntnis des Wahren sei.

FRAU: Und?

DIABETES: Und sie brachen ihm das Nasenbein.

FRAU: Ich hoffe nur, deine Botschaft für den König ist eine gute Nachricht.

DIABETES: Das hoffe ich um seinetwillen.

FRAU: Um deinetwillen.

DIABETES: Richtig, und – wie meinst du das, um meinetwillen?

CHOR (*höhnisch*): Ha, ha, ha!

(*Das Licht wird bedrohlicher*)

DIABETES: Das Licht verändert sich ... Was ist das? Was passiert, wenn's eine schlechte Nachricht ist?

FRAU: Wenn in alten Zeiten ein Bote einem König eine Botschaft brachte und die Nachricht war gut, dann erhielt der Bote eine Belohnung.

CHOR: Freikarten für das Kino in der 86. Straße.

FRAU: Aber wenn die Nachricht schlecht war ...

DIABETES: Sag's mir nicht.

FRAU: ... ließ der König den Boten gewöhnlich hinrichten.

DIABETES: Leben wir in alten Zeiten?

FRAU: Siehst du's nicht an dem, was du anhast?

DIABETES: Ich verstehe, was du sagen willst. Hepatitis!

FRAU: Manchmal bekam der Bote den Kopf abgeschlagen ... falls der König gnädig gestimmt war.

DIABETES: In gnädiger Stimmung schlägt er einem den Kopf ab?

CHOR: Doch wenn die Nachricht wirklich schlecht ist –

FRAU: ... dann wird der Bote zu Tode geröstet.

CHOR: Über mäßigem Feuer.

DIABETES: Es ist schon so lange her, daß ich über mäßigem Feuer geröstet worden bin, ich weiß gar nicht mehr, ob's mir gefiel oder nicht.

CHOR: Unser Wort darauf – es würde dir nicht gefallen.

DIABETES: Wo ist Doris Levine? Wenn ich diese hebräische Sklavin aus Great Neck in die Finger kriege ...

FRAU: Sie kann dir nicht helfen, sie ist meilenweit weg.

DIABETES: Doris! Wo bist du, zum Teufel?

DORIS (*im Publikum*): Was willst du denn?

DIABETES: Was machst du da unten?

DORIS: Das Stück hat mich gelangweilt.

DIABETES: Was soll das heißen: hat dich gelangweilt? Los, rauf hier! Ich stecke deinetwegen bis zum Hintern im Schlamassel!

DORIS (*kommt herauf*): Das tut mir leid, Phidipides, wie sollte ich wissen, was in der Geschichte der Antike passiert ist? Ich habe Philosophie studiert.

DIABETES: Wenn die Nachricht schlecht ist, muß ich sterben.

DORIS: Ich hab's gehört.

DIABETES: Ist das deine Vorstellung von Freiheit?

DORIS: Wie gewonnen, so zerronnen.

DIABETES: Wie gewonnen, so zerronnen? Bringen sie euch das auf dem Brooklyn College bei?

DORIS: He, Mann, geh mir nicht auf die Nerven.

DIABETES: Wenn die Nachricht schlecht ist, bin ich geliefert. Warte einen Augenblick! Die Nachricht! Die Botschaft. Hier hab ich sie! (*Fummelt herum, nimmt die Botschaft aus einem Umschlag, liest*) Als bester Darsteller einer Nebenrolle ist der Preisträger – – –(*Er sagt den Namen des Darstellers des Hepatitis*)

HEPATITIS (*platzt auf die Bühne*): Ich nehme den «Goldenen Tony» mit Freuden an und danke David Merrick –

SCHAUSPIELER: Hau ab, ich hab die falsche Botschaft gelesen! (*Zieht die richtige hervor*)

FRAU: Beeil dich, der König kommt.

DIABETES: Guck mal nach, ob er mein Sandwich hat.

DORIS: Beeil dich, Phidipides!

DIABETES (*liest*): Die Botschaft ist nur ein Wort.

DORIS: Ja?

DIABETES: Wieso weißt du das denn?

DORIS: Weiß was?

DIABETES: Wie die Botschaft lautet, sie lautet «Ja».

CHOR: Ist das gut oder schlecht?

DIABETES: Ja? Ja ist doch positiv? Nein? Oder doch? (*Er probiert es*) Ja!

DORIS: Was ist, wenn die Frage war: Hat die Königin den Tripper?

DIABETES: Ich verstehe, worauf du hinaus willst.

CHOR: Seine Majestät, der König!

(*Fanfaren, großer Auftritt des Königs*)

DIABETES: Sire, hat die Königin den Tripper?

KÖNIG: Wer hat das Roastbeef hier bestellt?

DIABETES: Ich, Sire. Sind das Möhren? Weil ich um gebackene Kartoffeln gebeten habe.

KÖNIG: Gebackene Kartoffeln sind alle.

DIABETES: Dann laß ich's zurückgehen. Ich esse gegenüber.

CHOR: Die Botschaft. (*Diabetes macht Schscht zu ihnen*) Die Botschaft, er hat die Botschaft.

KÖNIG: Elender Sklave, hast du eine Botschaft für mich?

DIABETES: Elender König, äh ... ja, tatsächlich ...

KÖNIG: Gut.

DIABETES: Könnt Ihr mir die Frage sagen?

KÖNIG: Erst die Botschaft.

DIABETES: Nein, erst Ihr.

KÖNIG: Nein, du.

DIABETES: Nein, Ihr.

KÖNIG: Nein, du.

CHOR: Laß Phidipides zuerst reden.

KÖNIG: Ihn?

CHOR: Ja.

KÖNIG: Wie kann ich das denn?

CHOR: Caramba, du bist der König.

KÖNIG: Natürlich, ich bin der König. Wie lautet die Botschaft?

(*Die Wache zieht das Schwert*)

DIABETES: Die Botschaft lautet ... Ja – in – (*versucht, auf einen klugen Einfall zu kommen, ehe er's ausspricht*) Nei – ja – vielleicht ... vielleicht –

CHOR: Er lügt.

KÖNIG: Die Botschaft, Sklave.

(*Die Wache setzt Diabetes das Schwert an den Hals*)

DIABETES: Sie ist nur ein Wort, Sire.

KÖNIG: Ein Wort?

DIABETES: Verblüffend, gelle, denn fürs selbe Geld hätte er vierzehn gedurft.

KÖNIG: Ein einziges Wort als Antwort auf meine Fragen aller Fragen. Gibt es einen Gott?

DIABETES: Das ist die Frage?

KÖNIG: Das – ist die einzige Frage.

DIABETES (*sieht Doris an, erleichtert*): Dann darf ich Euch die Botschaft ausrichten. Das Wort ist Ja.

KÖNIG: Ja?

DIABETES: Ja.

CHOR: Ja.

DORIS: Ja.

DIABETES: Du bist dran.

FRAU (*lispelnd*): Scho ischt esch.

(*Diabetes wirft ihr einen verärgerten Blick zu*)

DORIS: Ist das nicht fabelhaft!

DIABETES: Ich weiß, woran Ihr denkt, eine kleine Belohnung für Euren treuen Boten – aber unsere Freiheit ist uns mehr als genug – wenn Ihr andererseits darauf besteht, Eure Anerkennung zu beweisen, meine ich, sind Diamanten immer geschmackvoll.

KÖNIG (*feierlich*): Wenn es einen gibt, dann ist der Mensch nicht allein verantwortlich, und ich werde bestimmt für meine Sünden verurteilt.

DIABETES: Pardon?

KÖNIG: Verurteilt für meine Sünden, meine Verbrechen. Äußerst schreckliche Verbrechen, ich bin verdammt. Diese Botschaft, die du mir gebracht hast, verdammt mich in alle Ewigkeit.

DIABETES: Habe ich ja gesagt? Ich meinte nein.

WACHE (*nimmt den Briefumschlag an sich und liest die Botschaft*): Die Botschaft lautet Ja, Sire.

KÖNIG: Das ist die schlechtestmögliche Nachricht.

DIABETES (*fällt auf die Knie*): Sire, ich kann nichts dafür. Ich bin ein einfacher Bote. Ich habe mir die Botschaft nicht ausgedacht. Ich überbringe sie bloß. Es ist wie mit dem Tripper Eurer Majestät.

KÖNIG: Du wirst von wilden Pferden in Stücke gerissen.

DIABETES: Ich wußte, ihr würdet's begreifen.

DORIS: Aber er ist bloß der Bote. Ihr könnt ihn nicht von wilden Pferden in Stücke reißen lassen. Ihr röstet sie doch normalerweise über mäßigem Feuer.

KÖNIG: Zu gut für diesen Abschaum!

DIABETES: Wenn der Wetterprophet Regen voraussagt, bringt Ihr den Wetterpropheten um?

KÖNIG: Ja.

DIABETES: Ich verstehe. Tja. Ich hab's mit einem Schizophrenen zu tun.

KÖNIG: Ergreift ihn! (*Die Wache tut's*)

DIABETES: Wartet, Sire. Ein Wort zu meiner Verteidigung.

KÖNIG: Ja?

DIABETES: Das hier ist nur ein Theaterstück.

KÖNIG: Das sagen sie alle. Gib mir dein Schwert. Ich will das Vergnügen dieser Hinrichtung selber haben.

DORIS: Nein, nein – ach, warum habe ich uns bloß hier reingeritten?

CHOR: Keine Bange, du bist jung, du findest noch einen anderen.

DORIS: Das ist wahr.

KÖNIG (*hebt das Schwert*): Stirb!

DIABETES: Oh, Zeus, Gott der Götter, erscheine mit deinen Blitzstrahlen und rette mich – (*alle sehen nach oben, nichts geschieht, große Verlegenheit*) Oh, Zeus ... Oh, Zeus!!!

KÖNIG: Und nun – stirb!

DIABETES: Oh, Zeus – wo zum Teufel ist denn Zeus!

HEPATITIS (*kommt und sieht nach oben*): Um Himmels willen, vorwärts mit der Maschine! Laßt ihn runter!

TRICHINOSIS (*kommt von der anderen Seite*): Sie klemmt!

DIABETES (*gibt wieder das Stichwort*): Oh, großer Zeus!

CHOR: Alle Menschen gelangen ans selbe Ende.

FRAU: Ich steh doch hier nicht rum und laß zu, daß er erstochen wird, wie ich auf der Linie 5!

KÖNIG: Packt sie!

(*Die Wache packt sie und ersticht sie*)

FRAU: Das ist das zweite Mal diese Woche! Du Hurensohn.

DIABETES: Oh, großer Zeus! Gott, hilf mir!

(*Blitz – Zeus wird sehr ungeschickt heruntergelassen, zuckt und zappelt, bis man sieht, daß der Draht, an dem er hängt, ihn stranguliert hat. Alle sehen zu, bestürzt*)

TRICHINOSIS: Irgendwas stimmt nicht mit der Maschine! Sie ist kaputt!

CHOR: Endlich das Erscheinen Gottes! (*Aber er ist mausetot*)

DIABETES: Gott ... Gott? Gott? Gott, bist du okay? Ist hier ein Arzt im Hause?

ARZT (*im Publikum*): Ich bin Arzt.

TRICHINOSIS: Die Maschine hat sich verheddert.

HEPATITIS: Psst. Hau ab. Du machst das Stück kaputt.

DIABETES: Gott ist tot.

ARZT: Ist er irgendwie versichert?

HEPATITIS: Freiwillig, improvisiert.

DIABETES: Was?

HEPATITIS: Improvisiert den Schluß!

TRICHINOSIS: Jemand hat am falschen Hebel gezogen.

DORIS: Sein Genick ist gebrochen.

KÖNIG (*versucht das Stück weiterzuspielen*): Äh ... tja, Bote ... sieh nur, was du gemacht hast. (*Schwingt das Schwert. Diabetes ergreift es*)

DIABETES (*das Schwert packend*): Ich nehme das jetzt.

KÖNIG: Zum Kuckuck, was tust du?

DIABETES: Mich umbringen, was? Doris, komm hier rüber.

KÖNIG: Phidipides, was machst du?

WACHE: Hepatitis, er ruiniert den Schluß.

CHOR: Was machst du, Phidipides? Der König sollte *dich* töten.

DIABETES: Wer sagt das? Wo steht das geschrieben? Nein – ich töte vielmehr den König. (*Ersticht den König, aber das Schwert ist aus Pappe*)

KÖNIG: Laß mich los ... Er ist verrückt ... Halt! ... Das kitzelt!

ARZT (*fühlt dem Leichnam Gottes den Puls*): Er ist absolut tot. Wir tragen ihn besser weg.

CHOR: Wir wollen da nicht reingezogen werden. (*Sie fangen an abzugehen, tragen Gott hinaus*)

DIABETES: Der Sklave beschließt, ein Held zu sein! (*Ersticht die Wache, das Schwert ist immer noch aus Pappe*)

WACHE: Was zum Teufel machst du?

DORIS: Ich liebe dich, Phidipides. (*Er küßt sie*) Bitte, in der Stimmung bin ich nicht.

HEPATITIS: Mein Stück ... Mein Stück! (*Zum Chor*) Wo geht ihr denn hin?

KÖNIG: Ich werde meinen Agenten bei der Agentur William Morris anrufen. Sol Mishkin. Er wird wissen, was zu tun ist.

HEPATITIS: Das ist ein sehr ernstes Stück mit einer Botschaft! Wenn es auseinanderfällt, kriegen sie niemals die Botschaft mit.

FRAU: Das Theater ist zur Unterhaltung da. Es gibt ein altes Sprichwort: Wenn ihr eine Botschaft übermitteln wollt, wendet euch an die Post.

POSTBOTE (*kommt mit einem Fahrrad*): Ich habe ein Telegramm fürs Publikum. Es ist die Botschaft des Autors.

DIABETES: Wer ist das?

POSTBOTE (*steigt ab, singt*): Happy birthday to you, happy birthday to you –

HEPATITIS: Das ist die falsche Botschaft!

POSTBOTE (*liest das Telegramm*): Tut mir leid, das hier ist sie. Gott ist tot. Stop. Seht selber zu. Und sie ist unterschrieben – Moskowitz Billardkugel GmbH?

DIABETES: Natürlich, alles ist möglich. Ich bin jetzt der Held.

DORIS: Und ich weiß nur, daß ich gleich einen Orgasmus haben werde. Ich kenn das.

POSTBOTE (*liest immer noch*): Doris Levine kann endlich ihren Orgasmus haben. Stop. Wenn sie will. Stop. (*Er packt sie*)

DORIS: Stop. (*Im Hintergrund tritt ein ungeschlachter Mann auf*)

STANLEY: Stella! Stella!

HEPATITIS: Das ist keine Wirklichkeit mehr! Absolut nicht.

(*Groucho Marx jagt über die Bühne Blanche hinterher. Ein Mann im Publikum steht auf*)

MANN: Wenn alles möglich ist, fahre ich nicht heim nach Forest Hills! Ich hab's satt, in der Wall Street zu arbeiten. Mich kotzt die Autobahn nach Long Island an! (*Packt eine Frau im Publikum. Reißt ihr die Bluse auf, jagt sie den Gang hinunter. Das könnte auch eine Platzanweiserin sein*)

HEPATITIS: Mein Stück ... (*Die Figuren haben die Bühne verlassen, es bleiben die beiden Gestalten vom Anfang zurück, der Autor und der Schauspieler, Hepatitis und Diabetes*) Mein Stück ...

DIABETES: Es war ein gutes Stück. Alles, was ihm fehlte, war ein Schluß.

HEPATITIS: Aber was bedeutete es?

DIABETES: Nichts ... einfach nichts ...

HEPATITIS: Was?

DIABETES: Sinnlos. Hohl.

HEPATITIS: Der Schluß.

DIABETES: Natürlich. Worüber reden wir? Wir reden über den Schluß.

HEPATITIS: Wir reden immer über den Schluß.

DIABETES: Weil er hoffnungslos ist.

HEPATITIS: Ich gebe zu, er ist unbefriedigend.

DIABETES: Unbefriedigend?! Er ist nicht mal glaubhaft. (*Das Licht fängt an dunkler zu werden*) Der Trick ist, mit dem Schluß anzufangen, wenn man ein Stück schreibt. Erfinde einen guten, starken Schluß, und dann schreib von hinten nach vorn.

HEPATITIS: Das habe ich versucht. Ich bekam ein Stück ohne Anfang.

DIABETES: Das ist absurd.

HEPATITIS: Absurd? Was ist absurd?


(DUNKEL)

# Fabelgeschichten und Sagentiere

*(Das Folgende ist eine Probe einiger phantasievollerer Schöpfungen der Weltliteratur, die ich zu einer vierbändigen Anthologie zusammenfasse und die Ramsch & Söhne herausgeben will, wenn klar ist, was beim Streik der norwegischen Schafhirten herauskommt.)*

## Der Nörk

Der Nörk ist ein fünf Zentimeter langer Vogel, der sprechen kann, aber von sich selbst stets in der dritten Person redet, etwa: «Er ist ein großartiger kleiner Vogel, nicht wahr?»

Die persische Mythologie behauptet, wenn ein Nörk am Morgen auf dem Fensterbrett sitzt, kommt ein Verwandter entweder zu Geld oder bricht sich bei einer Tombola beide Beine.

Von Zarathustra wurde erzählt, er habe an seinem Geburtstag einen Nörk geschenkt bekommen, obwohl er eine graue Sporthose wirklich dringender gebraucht hätte. Der Nörk taucht auch in der babylonischen Mythologie auf, aber da ist er sehr viel sarkastischer und sagt dauernd: «Ach, hör doch auf!»

Einige Leser mögen eine weniger bekannte Oper von Holstein kennen, die *Tafelspitz* heißt und in der ein stummes Mädchen sich in einen Nörk verliebt, ihn küßt und dann beide im Zimmer herumfliegen, bis der Vorhang fällt.

## Der fliegende Snoll

Eine Eidechse mit vierhundert Augen, zweihundert für die Ferne und zweihundert zum Lesen. Wenn ein Mann nach der Legende dem Snoll direkt ins Gesicht sieht, verliert er augenblicklich das Recht, in New Jersey Auto zu fahren.

Legendär ist auch der Snoll-Friedhof, von dem selbst die Snolle nicht wissen, wo er liegt, und sollte ein Snoll tot umfallen, muß er bleiben, wo er ist, bis er aufgesammelt wird.

In der nordischen Mythologie versucht Loki, den Snoll-Friedhof zu finden, stößt statt dessen aber zufällig auf ein paar badende Rheinjungfern und hat zu guter Letzt Trichinen.

...

Der Kaiser Ho Sin hatte einen Traum, in dem er einen größeren Palast als seinen für die halbe Miete erblickte. Als er durch die Tore des Bauwerks schritt, bemerkte Ho Sin plötzlich, daß sein Körper wieder jung wurde, obwohl sein Kopf irgendwo zwischen fünfundsechzig und siebzig blieb. Als er eine Tür aufmachte, fand er eine weitere Tür, die zu noch einer Tür führte; bald wurde er gewahr, daß er durch hundert Türen gegangen war und nun im Hinterhof stand.

Als eben Ho Sin am Rande der Verzweiflung war, setzte sich ihm eine Nachtigall auf die Schulter und sang das allerschönste Lied, das er je gehört hatte, und dann biß sie ihn in die Nase.

Gedemütigt sah Ho Sin in einen Spiegel, und da sah er statt seines eigenen Spiegelbildes einen Mann namens Mendel Goldblatt, der bei der Klempnerei Wassermann arbeitete und ihn beschuldigte, ihm seinen Mantel weggenommen zu haben.

Daraus ersah Ho Sin das Geheimnis des Lebens, und das hieß: «Niemals jodeln!»

Als der Kaiser erwachte, war er in kaltem Schweiß gebadet und konnte sich nicht erinnern, ob er den Traum geträumt hatte oder jetzt in einem Traum war, den gerade sein Gläubiger träumte.

## Das Friehn

Das Friehn ist ein Meeresungeheuer mit dem Leib eines Krebses und dem Kopf eines vereidigten Wirtschaftsprüfers.

Von Friehnen heißt es, sie besäßen hübsche Singstimmen, die Seeleute zum Wahnsinn trieben, wenn sie sie hörten, besonders mit Melodien von Cole Porter.

Ein Friehn zu töten bringt Unglück: in einem Gedicht von Sir Herbert Figg erschießt ein Seemann eines, und plötzlich schlägt sein Schiff in einem Sturm leck, was die Mannschaft veranlaßt, den Kapitän zu ergreifen und in der Hoffnung, sich über Wasser zu halten, seine falschen Zähne über Bord zu werfen.

## Der große Roo

Der große Roo ist ein Sagentier mit dem Haupt eines Löwen und dem Körper eines Löwen, allerdings nicht desselben Löwen. Es heißt, der Roo schläft tausend Jahre und steht dann plötzlich in Flammen, besonders wenn er geraucht hat, als er einschlief.

Von Odysseus wird erzählt, er habe einen Roo nach sechshundert Jahren geweckt, ihn aber schlaff und nörgelig gefunden, und der Roo bat ihn, einfach noch zweihundert weitere Jahre im Bett bleiben zu dürfen.

Das Erscheinen eines Roos wird allgemein als unheilbringend angesehen und geht gewöhnlich einer Hungersnot oder der Einladung zu einer Cocktailparty voraus.

...

Ein indischer Weiser wettete mit einem Zauberer, daß dieser ihn nicht hereinlegen könne, worauf der Zauberer dem Weisen einen Klaps auf den Kopf gab und ihn in eine Taube verwandelte. Darauf flog die Taube zum Fenster hinaus nach Madagaskar und ließ das Gepäck nachkommen.

Die Frau des Weisen, die davon Zeuge war, fragte den Zauberer, ob er Dinge in Gold verwandeln könne, und wenn ja, ob er ihren Bruder nicht in drei Dollar in bar verwandeln könne, dann wäre wenigstens nicht der ganze Tag total verplempert.

Der Zauberer sagte, um diesen Trick zu lernen, müsse man zu den vier Ecken der Erde reisen, aber man solle in der Nachsaison fahren, weil drei von den Ecken normalerweise ausgebucht seien.

Die Frau dachte einen Augenblick nach und begab sich dann auf eine Pilgerfahrt nach Mekka, vergaß aber, ihren Herd auszuschalten. Siebzehn Jahre später kehrte sie zurück, nachdem sie mit dem Oberlama gesprochen hatte, und fiel auf der Stelle der Wohlfahrt zur Last.

(Obige Geschichte ist eine aus einer Reihe von Hindu-Sagen, die erklären, warum wir den Weizen besitzen. Der Verfasser.)

## Die Wiele

Eine große weiße Maus mit den auf ihren Bauch gedruckten Liedtexten zu «Maske in Blau».

Die Wiele ist einzigartig unter den Nagetieren insofern, als sie in die Hand genommen und wie eine Ziehharmonika gespielt werden kann. Der Wiele ähnlich ist die Lünette, ein kleines Eichhörnchen, das pfeifen kann und den Bürgermeister von Detroit persönlich kennt.

. . .

Die Astronomen erzählen von einem bewohnten Planeten namens Quelm, der so weit von der Erde entfernt ist, daß ein Mensch, wenn er sich mit Lichtgeschwindigkeit fortbewegte, sechs Millionen Jahre brauchte, um dorthin zu gelangen, allerdings wird eine neue Expreßroute geplant, die die Reise um zwei Stunden abkürzt.

Da die Temperatur auf Quelm dreizehnhundert Grad unter Null beträgt, ist das Baden nicht gestattet, und die Kurorte haben entweder geschlossen oder ziehen Live-Shows auf.

Wegen seiner Entfernung vom Mittelpunkt des Sonnensystems gibt es auf Quelm keine Schwerkraft, und ein ausgedehntes Mittagessen zu arrangieren bedarf einer langen Planung.

Außer allen diesen Hindernissen gibt es auf Quelm keinen Sauerstoff, um Leben, wie wir es kennen, zu erhalten, und was an Lebewesen existiert, hat Schwierigkeiten, seinen Lebensunterhalt zu verdienen, ohne in zwei Jobs zu arbeiten.

Die Legende erzählt jedoch, daß vor vielen Billionen Jahren die Lebensbedingungen nicht gar so grauenhaft waren – oder zumindest nicht schlechter als in Pittsburgh – und daß es menschliches Leben gab. Diese Menschen – die uns Menschen in jeder Weise ähnelten, abgesehen vielleicht von dem großen Kopf Salat, den sie dort hatten, wo man normalerweise die Nase hat – waren allesamt Philosophen. Als Philosophen bauten sie stark auf die Logik und waren der Meinung, wenn Leben existiere, dann müsse es jemand haben entstehen lassen, und sie suchten nach einem dunkelhaarigen Mann mit einer Tätowierung, der eine Matrosenjacke von der Navy trüge.

Als sich nichts Konkretes ergab, hängten sie die Philosophie an den Nagel und warfen sich auf den Versandhandel, aber die Postgebühren stiegen, und sie starben aus.

# Aber leise ... ganz leise

Fragen Sie einen Durchschnittsmenschen, wer die Dramen mit den Titeln *Hamlet, Romeo und Julia, König Lear* und *Othello* geschrieben hat, und in den meisten Fällen wird er voller Überzeugung zurückschnappen: «Der unsterbliche Barde aus Stratford-on-Avon». Fragen Sie ihn nach dem Autor der Shakespeareschen Sonette und sehen Sie zu, ob Sie nicht dieselbe unlogische Antwort erhalten. Nun legen Sie diese Fragen gewissen Literaturdetektiven vor, die im Laufe der Jahre anscheinend von Zeit zu Zeit auftauchen, und seien Sie nicht erstaunt, wenn Sie Antworten bekommen wie: Sir Francis Bacon, Ben Jonson, die Königin Elisabeth und möglicherweise sogar die Habeas-Corpus-Akte.

Die allerneueste dieser Theorien ist in einem Buch zu finden, das ich gerade gelesen habe und das schlüssig zu beweisen sucht, daß der wirkliche Verfasser der Werke Shakespeares Christopher Marlowe war. Das Buch führt sehr triftige Gründe dafür an, und als ich es durchgelesen hatte, war ich nicht mehr sicher, ob Shakespeare Marlowe war oder Marlowe Shakespeare oder was. Ich weiß nur, ich hätte von keinem von beiden Schecks in Zahlung genommen – und ich liebe ihre Werke.

Wenn ich nun die oben erwähnte Theorie im Gesamtzusammenhang zu betrachten versuche, so ist meine erste Frage: Wenn Marlowe Shakespeares Werke schrieb, wer schrieb dann Marlowes? Die Antwort liegt in der Tatsache, daß Shakespeare mit einer Frau namens Anne Hathaway verheiratet war. Davon wissen wir, daß es tatsächlich so war. Nach der neuen Theorie dagegen war nun tatsächlich Marlowe mit Anne Hathaway verheiratet, eine Heirat, die Shakespeare Kummer ohne Ende bereitete, weil sie ihn nicht ins Haus lassen wollten.

Eines verhängnisvollen Tages wurde bei einem Streit darüber, wer beim Bäcker als nächster bedient werden sollte, Marlowe erschlagen – erschlagen oder verkleidet fortgeschafft, um der Anklage der Ketzerei zu entgehen, eines äußerst schweren Verbrechens, das mit Erschlagen oder Fortschaffen oder beidem bestraft wurde.

Zu diesem Zeitpunkt geschah es, daß Marlowes junges Weib zur Feder griff und an den Dramen und Sonetten weiterschrieb, die wir alle kennen und heute meiden. Aber erlauben Sie mir ein Wort zur Klärung.

Wir wissen alle, daß Shakespeare (Marlowe) sich seine Stoffe von den Dichtern der Antike (Moderne) lieh; als jedoch die Zeit kam, die Stoffe wieder zurückzugeben, hatte er sie verbraucht und war gezwungen, unter dem falschen Namen William Barde außer Landes zu fliehen (seitdem der Ausdruck «unsterblicher Barde») im Bestreben, dem Schuldgefängnis zu entgehen (seitdem der Begriff «Schuldgefängnis»). Hier betritt Sir Francis Bacon die Szene. Bacon war ein großer Neuerer seiner Zeit, der an fortschrittlichen Kühlkonzepten arbeitete. Die Legende berichtet, daß er beim Versuch, ein Hühnchen zu kühlen, starb. Anscheinend schubste das Hühnchen als erstes. Im Bemühen, Marlowe vor Shakespeare geheimzuhalten, wenn sich herausstellen sollte, daß sie ein und derselbe wären, hatte Bacon den fingierten Namen Alexander Pope angenommen, der in Wirklichkeit der Pope Alexander war, das Oberhaupt der römisch-katholischen Kirche und zu der Zeit gerade im Exil, wegen der Invasion Italiens durch die Barden, die letzte der Nomadenhorden (die Barden schenken uns den Ausdruck «unsterblicher Barde»), und der Jahre zuvor nach London geeilt war, wo Raleigh im Tower den Tod erwartete.

Das Geheimnis wird fortschreitend immer dunkler, denn Ben Jonson inszeniert für Marlowe ein Scheinbegräbnis, indem er einen unbedeutenderen Dichter überredet, dessen Platz bei der Bestattung einzunehmen. Ben Jonson darf nicht mit Samuel Johnson verwechselt werden. Er war Samuel Johnson. Samuel Johnson war es nicht. Samuel Johnson war Samuel Pepys. Pepys war in Wirklichkeit Raleigh, der aus dem Tower entwischt war, um *Das verlorene Paradies* zu schreiben, und zwar unter dem Namen John Milton, eines Dichters, der wegen seiner Blindheit blindlings in den Tower entwischte und unter dem Namen Jonathan Swift gehängt wurde. All das wird klarer, wenn wir uns vor Augen führen, daß George Eliot eine Frau war.

Wenn wir davon ausgehen, dann ist König Lear kein Drama von Shakespeare, sondern eine satirische Revue von Chaucer, ursprünglich betitelt: «Nowbody's Parfait», die einen Hinweis auf den Mann enthält, der Marlowe tötete, ein Mann, der zu Zeiten Elisabeths (Elisabeth Barret Browning) als Old Vic bekannt war. Old Vic wurde uns später bekannter als Victor Hugo, der den *Glöckner von Notre Dame* schrieb, wovon die meisten Literaturwissenschaftler den Eindruck haben, es sei lediglich *Coriolan* mit ein paar augenfälligen Änderungen. (Sprechen Sie beide Titel schnell aus.)

Wir fragen uns also, ob nicht Lewis Carroll die ganze Situation karikierte, als er *Alice im Wunderland* schrieb. Der Weiße Hase war Shakespeare, der Verrückte Hutmacher Marlowe und die Haselmaus Bacon – oder der Verrückte Hutmacher Bacon und der Weiße Hase Marlowe – oder Carroll, Bacon und die Haselmaus Marlowe – oder Alice war Shakespeare – oder Bacon – oder Carroll war der Verrückte Hutmacher. Wie schade, daß Carroll nicht heute lebt, um das zu klären. Oder Bacon. Oder Marlowe. Oder Shakespeare. Der springende Punkt ist, wenn Sie gerade umziehen sollten, melden Sie's Ihrem Postamt. Es sei denn, die Nachwelt ist Ihnen völlig schnuppe.

# Wenn die Impressionisten
## Zahnärzte gewesen wären

(Ein Phantasiestück zur Erhellung von Gemütsveränderungen)

Lieber Theo,
wird das Leben mich niemals anständig behandeln? Ich gehe an
Verzweiflung zugrunde! Es hämmert in meinem Kopf! Frau Sol
Schwimmer verklagt mich, weil ich ihre Brücke ganz nach meinem Gefühl und nicht zu ihrem lächerlichen Munde passend gemacht habe. Das stimmt! Ich kann nicht auf Bestellung arbeiten
wie ein normaler Handwerker! Ich hatte beschlossen, ihre Brük-
ke solle kolossal und brandend sein, mit wilden, streitsüchtigen
Zähnen, die wie Feuer in alle Richtungen züngeln! Jetzt ist sie
völlig fassungslos, weil sie nicht in ihren Mund paßt! Sie ist so
bürgerlich und dumm, ich möchte sie am liebsten in tausend
Stücke hauen! Ich versuchte, ihr die falschen Zähne in den Mund
zu pressen, aber sie stehen ihr heraus wie ein venezianischer
Kronleuchter. Ich finde sie trotzdem schön. Sie behauptet, sie
kann nicht kauen! Was kümmert es mich, ob sie kauen kann oder
nicht! Theo, ich kann so nicht mehr weiter! Ich fragte Cézanne,
ob er mit mir zusammen eine Praxis betreiben wolle, aber er ist
alt und gebrechlich und außerstande, die Instrumente zu halten,
und sie müssen ihm an den Handgelenken festgebunden werden,
aber außerdem arbeitet er nicht sorgfältig, und einmal in einem
Mund, ruiniert er mehr Zähne, als er rettet. Was ist zu tun?

Vincent


Lieber Theo,
ich machte diese Woche ein paar Röntgenbilder, die mir gut
schienen. Degas sah sie und war skeptisch. Er sagte, die Kompo-
sition sei schlecht. Alle Löcher würden sich in der Ecke links
unten zusammendrängen. Ich erklärte ihm, so sähe Frau Slotkins
Mund nun einmal aus, aber er wollte nicht hören. Er sagte, er
hasse Einfassungen, und Mahagoni sei zu schwer. Als er wegging, riß ich sie in Fetzen! Als wäre das noch nicht genug gewe-

sen, machte ich mich bei Frau Wilma Zardis an eine Wurzelbehandlung, aber halbwegs fertig, verließ mich der Mut. Mir wurde plötzlich klar, daß eine Wurzelbehandlung nicht das ist, was
ich machen will! Mir wurde eng und schwindlig. Ich lief aus der
Praxis ins Freie, wo ich atmen konnte! Ich war mehrere Tage
nicht bei Sinnen und kam am Meer wieder zu mir. Als ich zurückkam, saß sie immer noch auf dem Stuhl. Ich vollendete den
Mund ohne große Lust, brachte es aber nicht über mich, ihn zu
signieren.

Vincent

Lieber Theo,
schon wieder bin ich mit Geld in Not. Ich weiß, welche Last ich
für dich sein muß, aber an wen kann ich mich denn sonst wen-
den? Ich brauche Geld für Material! Ich arbeite jetzt fast aus-
schließlich mit Zahnseide, wobei ich während der Arbeit impro-
visiere, und die Ergebnisse sind aufregend. Gott! Ich habe nicht
mal mehr einen Pfennig für Novokain! Heute zog ich einen Zahn
und mußte den Patienten damit betäuben, daß ich ihm etwas
Dreiser vorlas. Hilf mir!

Vincent

Lieber Theo,
habe beschlossen, die Praxis mit Gauguin zu teilen. Er ist ein
ausgezeichneter Zahnarzt, der auf Brücken spezialisiert ist, und
er scheint mich zu mögen. Er hat mir große Komplimente wegen
meiner Arbeit an Herrn Jay Grünglas gemacht. Wenn du dich
erinnerst, ich füllte ihm links unten Sieben, dann gefiel mir die
Füllung nicht, und ich versuchte, sie ihm wieder herauszuneh-
men. Grünglas war unnachgiebig, und wir gingen vor Gericht.
Es bestand die Rechtsfrage um das Eigentum, und auf Anraten
meines Anwalts klagte ich geschickt auf den ganzen Zahn und
gab mich mit der Füllung zufrieden. Nun, jemand sah sie in meiner Praxis in der Ecke liegen und will sie in einer Ausstellung
zeigen! Man spricht bereits von einer Retrospektive!

Vincent

Lieber Theo,

ich glaube, es war ein Fehler, die Praxis mit Gauguin zu teilen. Er ist ein kranker Mensch. Er trinkt in großen Mengen Zahnweiß. Als ich ihn beschuldigte, geriet er in Wut und riß mein Zahnarzt-Diplom von der Wand. In einem ruhigeren Augenblick schlug ich ihm vor, es mit dem Plombieren im Freien zu versuchen, und wir arbeiteten auf einer Wiese, umgeben von Grün und Gold. Er setzte Fräulein Angela Tonnato eine Krone ein, und ich machte Herrn Louis Kaufmann zur selben Zeit eine Füllung. Da arbeiteten wir also zusammen unter freiem Himmel! Reihen blendendweißer Zähne im Sonnenlicht! Dann kam ein Wind auf und blies Herrn Kaufmann das Toupet ins Gebüsch. Er stürzte ihm nach und riß Gauguins Instrumente um. Gauguin gab mir die Schuld und versuchte, mir einen Hieb zu versetzen, erwischte aber irrtümlich Herrn Kaufmann, worauf der sich auf den Schnellbohrer setzte. Herr Kaufmann ging wie eine Rakete im Steilflug an mir vorbei und nahm Fräulein Tonnato mit auf die Reise. Der Schluß, Theo, ist, daß Rifkin, Rifkin, Rifkin & Meltzer meine Einnahmen mit Beschlag belegt haben. Schick mir, was du kannst.

Vincent

Lieber Theo,

Toulouse-Lautrec ist doch der beklagenswerteste Mensch auf Erden. Er sehnt sich mehr als nach sonstwas danach, ein großer Zahnarzt zu sein, und er hat wirkliche Begabung, aber ist zu klein, um an den Mund seiner Patienten zu reichen, und zu stolz, sich auf irgendwas zu stellen. Die Arme über den Kopf gereckt, tastet er blindlings an ihren Lippen herum, und gestern hat er Frau Fistelton statt auf die Zähne eine Krone auf das Kinn gesetzt. Inzwischen weigert sich mein alter Freund Monet, an etwas anderem als sehr, sehr großen Mündern zu arbeiten, und Seurat, der sehr launisch ist, hat eine Methode entwickelt, immer nur jeweils einen einzigen Zahn zu putzen, bis er «einen vollen, frischen Mund» erhält, wie er es nennt. Das hat baukünstlerische Solidität, aber, ist es auch zahnkünstlerische Arbeit?

Vincent

Lieber Theo,

ich bin verliebt. Claire Memling kam letzte Woche zu einer Kontrolluntersuchung. (Ich hatte ihr eine Postkarte geschickt, auf der stand, daß sechs Monate seit der letzten Durchsicht vergangen seien, obwohl es erst vier Tage her war.) Theo, sie treibt mich zum Wahnsinn! Verrückt vor Verlangen! Ihr Gebiß! Ich habe nie so ein Gebiß gesehen! Ihre Zähne treffen perfekt aufeinander! Nicht wie die von Frau Itkin, deren untere Zähne über die oberen ungefähr drei Zentimeter vorragen, was ihr einen Unterbiß verleiht, der dem eines Werwolfs ähnelt! Nein! Claires Zähne schließen und passen! Wenn das geschieht, weiß man, es gibt einen Gott! Und doch ist sie nicht allzu vollkommen. Nicht so makellos, um uninteressant zu sein. Sie hat eine Lücke zwischen Neun und Elf unten. Nummer zehn hat sie in ihrer Jugend verloren. Plötzlich und ohne Warnung hatte er ein Loch. Er wurde ziemlich leicht entfernt (das heißt, er fiel ihr beim Sprechen raus) und nie wieder ersetzt. «Nichts hätte Nummer zehn unten ersetzen können», sagte sie zu mir, «er war mehr als ein Zahn, er war mein Leben bis dahin.» Über den Zahn wurde selten gesprochen, als sie älter wurde, und ich glaube, sie war nur deshalb gewillt, mit mir darüber zu sprechen, weil sie mir vertraut. Oh, Theo, ich liebe sie. Ich sah ihr heute in den Mund und war wieder wie ein junger, nervöser Zahnarztstudent, so daß ich ihr Tupfer und Spiegelchen in den Hals rutschen ließ. Später hatte ich meine Arme um sie geschlungen und zeigte ihr die richtige Art, sich die Zähne zu bürsten. Die süße kleine Närrin war gewohnt, die Bürste stillzuhalten und den Kopf von einer Seite zur anderen zu bewegen. Nächsten Donnerstag gebe ich ihr etwas Gas und bitte sie, mich zu heiraten.

Vincent

Lieber Theo,

Gauguin und ich hatten wieder eine Auseinandersetzung, und er ist nach Tahiti abgereist! Er war mitten bei einer Extraktion, als ich ihn störte. Er hatte das Knie auf Herrn Feldmanns Brust und die Zange am rechten oberen Backenzahn des Mannes. Es gab den üblichen Ringkampf, und ich hatte das Pech, hereinzukommen und Gauguin zu fragen, ob er meinen Filzhut gesehen habe. Gauguin wurde abgelenkt und lockerte den Griff um den Zahn, und Feldmann nutzte diesen Fehler aus, um aus dem Stuhl zu springen und aus dem Sprechzimmer zu fliehen. Gauguin bekam einen Tobsuchtsanfall! Volle zehn Minuten hielt er meinen Kopf unter den Röntgenapparat, und danach konnte ich mehrere Stunden lang nicht mit beiden Augen gleichzeitig zwinkern. Jetzt bin ich einsam.

Vincent

Lieber Theo,
alles ist aus! Da heute der Tag war, an dem ich vorhatte, Claire zu bitten, mich zu heiraten, war ich ein wenig nervös. Sie sah großartig aus mit ihrem weißen Organdykleid, dem Strohhut und dem Zahnfleischschwund. Wie sie so in dem Stuhl saß, den Absaugschlauch im Mund, brauste es mir im Herzen. Ich versuchte, romantisch zu sein. Ich machte das Licht dunkler und versuchte, das Gespräch auf fröhliche Themen zu lenken. Wir nahmen beide etwas Lachgas. Als der Augenblick richtig schien, sah ich ihr direkt in die Augen und sagte: «Bitte spülen.» Und sie lachte! Ja, Theo! Sie lachte mich aus und wurde dann wütend! «Meinen Sie, ich könnte für einen Mann wie Sie spülen!? Das soll wohl ein Witz sein!» Ich sagte: «Bitte, Sie verstehen nicht.» Sie sagte: «Ich verstehe sehr gut! Ich könnte niemals bei jemandem außer einem zugelassenen Zahnorthopäden spülen! Wahrhaftig, schon der Gedanke, ich könnte hier spülen! Lassen Sie mich!» Und damit lief sie weinend hinaus. Theo! Ich möchte sterben! Ich sehe mein Gesicht im Spiegel und möchte es zerschlagen! Es zerschlagen! Hoffe, dir geht es gut.

Vincent

Lieber Theo,
Ja, es ist wahr. Das Ohr im Schaufenster bei Gebrüder Fleischmann, Scherzartikel, ist meines. Ich nehme an, es war eine Torheit, aber ich wollte vorigen Sonntag Claire ein Geburtstagsge-

schenk schicken, und alle Läden waren zu. Na ja. Manchmal wünsche ich, ich hätte auf Vater gehört und wäre Maler geworden. Das wäre nicht aufregend, aber wenigstens ein normales Leben.

Vincent

# Kein Kaddisch für Weinstein

Weinstein lag unter seinen Decken und starrte in dumpfer Lethargie zur Decke hoch. Draußen stiegen in stickigen Wellen Schwaden feuchter Luft vom Pflaster auf. Der Verkehrslärm war zu dieser Stunde ohrenbetäubend, und zu all dem stand sein Bett in Flammen. Seht mich an, dachte er. Fünfzig Jahre alt. Ein halbes Jahrhundert. Nächstes Jahr werde ich einundfünfzig sein. Dann zweiundfünfzig. Indem er diesen Gedankengang fortsetzte, konnte er sein Alter für die nächsten fünf Jahre berechnen. So wenig Zeit bleibt mir, dachte er, und soviel noch zu tun. Vor allem wollte er Autofahren lernen. Sein Freund Adelmann, der mit ihm auf der Rush Street immer Dreideln spielte, hatte Autofahren an der Sorbonne studiert. Er konnte wunderschön mit einem Auto umgehen und war schon oft ganz allein gefahren. Weinstein hatte ein paar Versuche unternommen, mit dem Chevy seines Vaters zu fahren, war aber immer auf dem Bürgersteig gelandet.

Er war ein frühreifes Kind gewesen. Ein Intellektueller. Mit zwölf hatte er die Gedichte T. S. Eliots ins Englische übersetzt, nachdem irgendwelche Vandalen in die Bibliothek eingebrochen waren und sie ins Französische übersetzt hatten. Und als wenn ihn sein hoher IQ nicht schon genug isolierte, erlitt er unsägliche Ungerechtigkeiten und Verfolgungen wegen seines Glaubens, vor allem von seinen Eltern. Sicher, sein Alter Herr war Mitglied der Synagoge und seine Mutter auch, aber sie konnten sich nie mit der Tatsache befreunden, daß ihr Sohn Jude wäre. «Wie konnte das bloß passieren?» fragte sein Vater bestürzt. Mein Gesicht sieht semitisch aus, dachte Weinstein jeden Morgen beim Rasieren. Er war mehrere Male mit Robert Redford verwechselt worden, aber jedes Mal von einem Blinden. Dann war da noch Feinglas, sein anderer Jugendfreund: der typische Klassenerste. Ein Arbeitgeberspitzel, der zu den Arbeitern übergelaufen war. Dann sich zum Marxismus bekehrt hatte. Ein kommunistischer Agitator. Von der Partei im Stich gelassen, ging er nach Hollywood und wurde die Synchronstimme einer berühmten Zeichentrickmaus. Ironie des Schicksals.

Weinstein hatte ebenfalls mit dem Kommunismus geliebäugelt. Um Eindruck auf ein Mädchen in Rutgers zu machen, war er nach Moskau gegangen und in die Rote Armee eingetreten. Als er sie wegen einer zweiten Verabredung anrief, war sie schon mit jemand anderem verlobt. Auch sollte ihm später sein Rang als Unteroffizier bei der russischen Infanterie schaden, als er eine Sicherheitsbestätigung benötigte, um die kostenlose Vorspeise zu seinem Mittagessen in Longchamps zu bekommen. Außerdem hatte er in der Schule ein paar Versuchsmäuse politisch organisiert und bei einem Streik zur Verbesserung der Arbeitsbedingungen angeführt. Tatsächlich war es nicht so sehr die Politik wie die Poesie der marxistischen Theorie, die ihn faszinierte. Er war überzeugt, daß die Kollektivierung funktionieren könne, wenn alle die Liedtexte von «Ninotschka» lernen würden. «Das Wegschrumpfen des Staates» war eine Phrase, an der er festgehalten hatte, seitdem eines Tages die Nase seines Onkels bei Saks auf der Fifth Avenue weggeschrumpft war. Was, fragte er sich, ist über das wahre Wesen der sozialen Revolution zu erfahren? Nur, daß sie nie nach dem Genuß von mexikanischem Essen unternommen werden sollte.

Die Weltwirtschaftskrise vernichtete Weinsteins Onkel Meyer, der sein Vermögen unter der Matratze aufbewahrte. Als die Börse krachte, zog die Regierung alle Matratzen ein, und Meyer wurde über Nacht ein armer Mann. Alles was ihm blieb, war, aus dem Fenster zu springen, aber ihm fehlten die Nerven dazu, und so saß er von 1930 bis 1937 auf einem Fensterbrett im Empire State Building.

«Diese Kinder mit ihrem Hasch und Sex», sagte Onkel Meyer gern. «Wissen Sie, was es heißt, sieben Jahre auf einem Fensterbrett zu sitzen? Da sieht man das Leben! Natürlich sehen alle aus wie Ameisen. Aber jedes Jahr richtete Tessie – sie ruhe in Frieden – den Sedertisch da draußen auf dem Gesims. Die Familie versammelte sich zu Pessach darum herum. Oy, Neffe! Wo kommt die Welt hin, wenn sie jetzt haben eine Bombe, die mehr Leute töten kann als ein einziger Blick auf Max Rifkins Tochter?»

Weinsteins sogenannte Freunde hatten alle vor dem Ausschuß gegen Unamerikanische Umtriebe gekuscht. Blotnick war von seiner eigenen Mutter angezeigt worden. Scharfstein wurde vom

Auftragsdienst angezeigt. Weinstein war von dem Ausschuß angerufen worden und hatte zugegeben, daß er der Russischen Kriegshilfe Geld gespendet hatte, und dann hinzugefügt: «Oh, ja, ich habe Stalin ein Eßzimmer gekauft.» Er weigerte sich, Namen zu nennen, sagte aber, wenn der Ausschuß darauf bestünde, würde er die Körpergröße der Leute angeben, denen er auf Versammlungen begegnet sei. Am Schluß geriet er in Panik, und anstatt sich auf das fünfte Grundrecht zu berufen, berief er sich auf das dritte, das ihn in die Lage versetzte, sich sonntags in Philadelphia Bier zu kaufen.

Weinstein rasierte sich zu Ende und ging unter die Dusche. Er seifte sich, während dampfendheißes Wasser ihm den massigen Rücken hinuntersprudelte. Er dachte: «Hier steh ich an irgendeinem festgelegten Punkt in Raum und Zeit und nehme eine Dusche. Ich, Isaak Weinstein. Eines von Gottes Geschöpfen.» Und dann trat er auf die Seife und schlidderte über den Fußboden und rammte seinen Kopf in den Handtuchhalter. Es war eine schlechte Woche gewesen. Am Tag zuvor hatte man ihm einen schlechten Haarschnitt verpaßt, und er hatte immer noch nicht die Angst überwunden, die ihm jener verursachte. Zuerst hatte der Friseur sorgfältig geschnitten, aber bald war Weinstein klar, daß er zu weit gegangen war. «Tun Sie welche zurück!» schrie er wie von Sinnen.

«Ich kann nicht», sagte der Friseur, «sie halten nicht.»

«Gut, dann geben Sie sie mir, Dominique! Ich nehme sie mit!»

«Wenn sie mal auf dem Fußboden in meinem Laden liegen, gehören sie mir, Mr. Weinstein.»

«Zum Teufel! Ich will meine Haare!»

Er tobte und wütete, fühlte sich schließlich schuldig und ging weg. «Gojim», dachte er, «so oder so, sie kriegen dich.»

Jetzt trat er aus dem Hotel und ging die Eighth Avenue entlang. Zwei Männer raubten gerade eine ältere Dame aus. Mein Gott, dachte Weinstein, was waren das für Zeiten, als noch einer allein damit fertig wurde. Was für eine Stadt. Chaos überall. Kant hatte recht: Der Geist gebietet Ordnung. Er sagt einem auch, wieviel Trinkgeld man hinlegen muß. Wie wundervoll, bewußt zu sein! Ich frage mich, was die Leute in New Jersey machen.

Er war auf dem Weg, Harriet wegen der Alimente einen Besuch zu machen. Er liebte Harriet noch immer, obwohl sie, während sie verheiratet waren, systematisch versucht hatte, mit allen Rs im Telefonbuch von Manhattan Ehebruch zu begehen. Er vergab ihr. Aber er hätte etwas ahnen sollen, als sein bester Freund und Harriet sich für drei Jahre ein Haus in Maine mieteten, ohne ihm zu sagen, wo sie wären. Er *wollte* es nicht wahrhaben – das war es. Sein Sexualleben mit Harriet hatte rasch aufgehört. Er schlief mit ihr einmal in der Nacht, als sie sich zum erstenmal begegneten, einmal am Abend der ersten Mondlandung und einmal, um zu testen, ob sein Rücken nach einer rausgerutschten Bandscheibe wieder in Ordnung sei. «Es funktioniert mit dir verdammt nicht gut, Harriet», klagte er gewöhnlich, «du bist zu rein. Jedesmal, wenn ich einen Drang zu dir habe, sublimier ich ihn durchs Pflanzen eines Baums in Israel. Du erinnerst mich an meine Mutter.» (Molly Weinstein – sie ruhe in Frieden –, die sich für ihn plagte und die besten Würste machte in ganz Chicago – ein Geheimrezept, bis jedem klar war, daß sie Haschisch hineintat.)

Zum miteinander Schlafen hatte Weinstein jemand ganz anderen nötig. Wie LuAnn, die aus Sex eine Kunst machte. Der einzige Ärger war, sie konnte nicht bis zwanzig zählen, ohne die Schuhe auszuziehen. Er versuchte einmal, ihr ein Buch über Existentialismus zu geben, aber sie aß es. Sexuell hatte Weinstein sich immer als unzulänglich empfunden. Vor allem kam er sich klein vor. Er war einssechzig ohne Schuhe, allerdings konnte er ohne die Schuhe von jemand anderem einsfünfundsechzig sein. Dr. Klein, sein Therapeut, brachte ihn zur Einsicht, daß vor einen fahrenden Zug zu springen eher feindselig als selbstzerstörerisch sei, in jedem Fall aber seine Bügelfalten ruinieren würde. Klein war sein dritter Psychotherapeut. Sein erster war ein Jung-Schüler, der vorgeschlagen hatte, es mit spiritistischen Sitzungen zu versuchen. Davor hatte er Gruppentherapie gemacht, aber als er an die Reihe kam zu reden, wurde ihm schwindlig, und er konnte bloß die Namen aller Planeten hersagen. Sein Problem waren die Frauen, und das wußte er. Er war bei jeder Frau impotent, die vom College mit einer besseren Durchschnittsnote als 2 minus abgegangen war. Am wohlsten fühlte er sich bei Absolventinnen von Bürofachschulen, aber wenn die Frau schneller als hundert Silben in der Minute war, bekam er Panik und versagte im Bett.

Weinstein klingelte an Harriets Wohnung, und plötzlich stand sie vor ihm. «Sie plustert sich zu einer gefleckten Giraffe auf, wie üblich», dachte Weinstein. Es war ein privater Scherz, den keiner von beiden verstand.

«Hallo, Harriet», sagte er.

«Oh, Ike», sagte sie. «Du mußt nicht so verdammt selbstgerecht sein.»

Sie hatte recht. Wie taktlos, so etwas zu sagen. Er haßte sich selber dafür.

«Wie geht's den Kindern, Harriet?»

«Wir hatten nie Kinder, Ike.»

«Darum dachte ich, vierhundert Dollar die Woche wäre eine Menge Kindergeld.»

Sie biß sich auf die Lippen. Weinstein biß sich auf die Lippen. Dann biß er ihr auf die Lippen. «Harriet», sagte er, «ich … ich bin pleite. Die Eierpreise sind parterre.»

«Verstehe. Und kann dir deine Schickse nicht helfen?»

«Für dich ist jedes Mädchen, das keine Jüdin ist, eine Schickse.»

«Können wir das lassen?» Ihre Stimme erstickte an der Beschuldigung. Weinstein hatte plötzlich den Drang, sie zu küssen, oder wenn nicht sie, dann irgend jemanden.

«Harriet, was haben wir falsch gemacht?»

«Wir haben der Wirklichkeit nie ins Gesicht gesehen.»

«Das war nicht mein Fehler. Du sagtest, sie läge im Norden.»

«Die Wirklichkeit *liegt* im Norden, Ike.»

«Nein, Harriet. Inhaltlose Träume liegen im Norden. Die Wirklichkeit im Westen. Falsche Hoffnungen liegen im Osten, und ich glaube, Louisiana liegt im Süden.»

Sie hatte immer noch die Fähigkeit, ihn zu erregen. Er streckte die Hände nach ihr aus, aber sie schlüpfte weg, und seine Hand landete in etwas saurer Sahne.

«Hast du darum mit deinem Therapeuten geschlafen?» platzte er schließlich heraus. Sein Gesicht war wutverzerrt. Er hatte das

Gefühl, ohnmächtig zu werden, konnte sich aber nicht mehr erinnern, wie man richtig umfällt.

«Das gehörte zur Therapie», sagte sie kalt. «Nach Freud ist Sexualität der goldene Weg zum Unbewußten.»

«Freud hat gesagt, die *Träume* sind der Weg zum Unbewußten.»

«Sexualität, Träume – willst du Haarspaltereien betreiben?»

«Leb wohl, Harriet.»

Es war zwecklos. *Rien à dire, rien à faire.* Weinstein ging fort und wanderte über den Union Square. Plötzlich brachen heiße Tränen hervor, als wäre ein Damm gebrochen. Heiße, salzige Tränen, Ewigkeiten zurückgehalten, entströmten ihm in einer schamlosen Woge von Gefühl. Das Problem war, sie kamen ihm aus den Ohren. «No na», dachte er, «nicht mal richtig weinen kann ich.» Er tupfte sich die Ohren mit einem Kleenextuch und ging nach Hause.

# Herrliche Zeiten: Memoiren
## aus dem Kassettenrekorder

Das Folgende sind Auszüge aus den bald erscheinenden Memoiren von Flo Guiness. Big Flo, wie ihre Freunde sie nannten (viele Feinde nannten sie ebenfalls so, meistens aus Bequemlichkeit), gewiß die schillerndste aller Wirtinnen verbotener Pinten während der Prohibition, erscheint in diesen Tonbandinterviews als eine Frau mit einem kräftigen Lebenshunger, wie auch als gescheiterte Künstlerin, die ihren ein Leben lang gehegten Wunsch, eine begnadete Geigerin zu werden, aufgeben mußte, als sie bemerkte, daß das heißen würde, Violine zu studieren. Hier nun spricht Big Flo zum erstenmal selber.

Ursprünglich tanzte ich im Jewel Club in Chicago für Ned Small. Ned war ein gewiefter Geschäftsmann, der sein ganzes Geld damit machte, was wir heute «Stehlen» nennen würden. Natürlich war das damals ganz was anderes. Ja, mein Herr, Ned hatte viel Charme – einen, den's heute nicht mehr gibt. Er war berühmt dafür, daß er einem beide Beine brach, wenn man nicht derselben Meinung war wie er. Und er tat's auch, Jungs. Er brach noch *mehr* Beine! Ich würde sagen, er brachte es im Durchschnitt auf seine fünfzehn, sechzehn Beine die Woche. Aber Ned war in mich vernarrt, vielleicht weil ich ihm immer direkt ins Gesicht sagte, was ich von ihm hielt. «Ned», sagte ich einmal beim Dinner zu ihm, «du bist ein hinterfotziger Gauner mit der Moral eines Straßenköters.» Er lachte, aber später am Abend sah ich, wie er «hinterfotzig» im Wörterbuch nachschlug. Na ja, wie ich schon sagte, tanzte ich in Ned Smalls Jewel Club. Ich war seine beste Tänzerin, Jungs – eine Tanz*darstellerin*. Die anderen Girls hopsten bloß rum, aber ich tanzte 'ne kleine Geschichte. Zum Beispiel, wie Venus aus ihrem Bad kommt, natürlich Broadway und 42. Straße, und sie zieht durch die Nightclubs und tanzt bis zum Morgen und hat dann 'ne zünftige Herzattacke und verliert die Kontrolle über ihre Gesichtsmuskeln linksseitig. Traurige Sache, Jungs. Aber wegen solcher Sachen schätzte man mich.

Eines Tages ruft mich Ned Small in sein Büro und sagt: «Flo.» (Er nannte mich immer Flo, außer wenn er richtig wütend auf mich war. Dann nannte er mich Albert Schneidermann – ich bin nie dahintergekommen, warum. Sagen wir, das Herz geht seltsame Wege.) Also Ned sagt: «Flo, ich will, daß du mich heiratest.» Na, man hätte mich auch mit der Muffe puffen können. Ich fing an zu heulen wie ein Baby. «Ich mein's ernst, Flo», sagt er, «ich liebe dich sehr innig. Es ist nicht leicht für mich, so was auszusprechen, aber ich möchte, daß du die Mutter meiner Kinder wirst. Und wenn du das nicht willst, breche ich dir beide Beine.» Zwei Tage später, auf die Minute, gaben Ned Small und ich uns das Jawort. Drei Tage darauf wurde Ned von Capones Gang mit einem Maschinengewehr durchlöchert, weil er ihm Rosinen auf den Hut geschüttet hatte.

Danach war ich natürlich reich. Als erstes kaufte ich Mama und Papa die Farm, von der sie immer gesprochen hatten. Sie behaupteten, sie hätten niemals von einer Farm gesprochen und wollten in Wirklichkeit ein Auto und ein paar Pelze, aber sie ließen es auf einen Versuch ankommen. Mochten auch das Landleben, obwohl Daddy auf den nördlichen Plantagen vom Blitz getroffen wurde und danach sechs Jahre, wenn er nach seinem Namen gefragt wurde, bloß «Kleenex» sagen konnte. Was mich betrifft, drei Monate später war ich pleite. Schlechte Geldanlage. Ich finanzierte auf den Rat von Freunden eine Walfangexpedition nach Cincinnati.

Ich tanzte für Big Ed Wheeler, der Schmuggelschnaps machte, der so stark war, daß er nur durch 'ne Gasmaske genippelt werden konnte. Er zahlte mir dreihundert Dollar die Woche für zehn Shows, das war damals 'ne Masse Geld. Teufel, mit Trinkgeld machte ich mehr als Präsident Hoover. Und er mußte zwölf Shows abziehen. Ich trat um neun und elf auf und Hoover um zehn und zwei. Hoover war ein guter Präsident, aber in seiner Garderobe saß er bloß immer rum und summte. Das machte mich wahnsinnig. Dann sah der Besitzer vom Apex Club eines Tages meinen Auftritt und bot mir fünfhundert Dollar die Woche, wenn ich da tanzte. Ich legte Big Ed die Karten auf den Tisch: «Ed, ich hab ein Angebot über fünfhundert Scheinchen von Bill Hallorhans Apex Club gekriegt.»

«Flo», sagte er, «wenn du fünfhundert die Woche kriegen kannst, will ich dir nicht im Weg stehen.» Wir gaben uns die Hand, und ich ging zu Bill Hallorhan, um ihm die gute Nachricht zu überbringen, aber ein paar von Eds Freunden waren vor mir dagewesen, und als ich Bill Hallorhan wiedersah, hatte seine Körperbeschaffenheit eine Veränderung durchgemacht, und er war jetzt bloß noch 'ne Fistelstimme, die aus einer Zigarrenkiste kam. Er sagte, er hätte beschlossen, sich aus dem Showbusiness zurückzuziehen, von Chicago wegzugehen und sich irgendwo näher am Äquator niederzulassen. Ich tanzte weiter für Big Ed Wheeler, bis die Caponebande ihn auskaufte. Ich sage: «ihn auskaufte», Jungs, aber die Wahrheit ist, daß «Narbengesicht» Al ihm 'ne nette Summe bot, aber Wheeler sagte nein. Später am selben Tag aß er im Würstel- und Kuttelhaus zu Mittag, als plötzlich sein Kopf zu brennen anfing. Niemand weiß, warum.

Ich kaufte das «Drei Zweier» von meinem Ersparten, und in Nullkommanix war es der heiße Tip in der Stadt. Die kamen alle – Babe Ruth, Jack Dempsey, Jolson, Torpe Doboot. Torpe Doboot war jeden Abend da. Mein Gott, was konnte das Roß saufen! Ich erinnere mich, wie Babe Ruth mal von 'nem Showgirl namens Kelly Swain schwärmte. Er war so verrückt nach ihr, daß er keine Lust mehr auf Baseball hatte und zweimal seinen Körper mit Fett einrieb, weil er dachte, er wäre ein berühmter Kanalschwimmer. «Flo», sagte er zu mir, «ich bin verschossen in diesen Rotschopf Kelly Swain. Aber sie haßt Sport. Ich hab gelogen und ihr erzählt, ich hielte ein Seminar über Wittgenstein ab, aber ich glaube, sie wittert was.»

«Kannst du ohne sie nicht leben, Babe?» fragte ich.

«Nein, Flo. Und das wirkt sich nachteilig auf meine Konzentration aus. Gestern machte ich vier Treffer und gewann zweimal den Matchball, aber wir haben Januar, und es sind überhaupt keine Spiele angesetzt. Ich hab's in meinem Hotelzimmer gemacht. Kannst du mir helfen?»

Ich versprach ihm, mit ihr zu reden, und am nächsten Tag machte ich am «Goldenen Schlachthaus» halt, wo sie tanzte. Ich sagte: «Kelly, der Bambino ist verrückt nach dir. Er weiß, du liebst die Kultur, und er sagt, wenn du ihm ein Rendezvous gibst, hängt er den Sport an den Nagel und schließt sich der Ballettruppe von Martha Graham an.»

Kelly sah mir fest in die Augen und sagte: «Erzähl dem jämmerlichen Rasentreter, ich wär nicht extra ganz von Chippewa Falls hergekommen, um bei irgend'm aufgeblasenen Rechtsaußen zu enden. Ich habe große Pläne.» Zwei Jahre später heiratete sie Lord Osgood Wellington Tuttle und wurde Lady Tuttle. Ihr Gatte gab seinen Botschafterposten auf, um als Vorstopper bei den «Tigers» zu spielen. Joe «Salto» Tuttle. Er hält den Rekord darin, in der ersten Spielhälfte die meisten Bälle an den Kopf gekriegt zu haben.

Glücksspiel? Jungs, ich war dabei, als Nick der Grieche seinen Namen bekam. Es gab einen drittklassigen Spieler namens Jake der Grieche, und Nick rief mich an und sagte: «Flo, ich wäre gerne der Grieche.» Und ich sagte: «Tut mir leid, Nick, du bist doch gar kein Grieche. Und nach den New Yorker Spielstatuten ist das verboten.» Und er sagte: «Weiß ich, Flo, aber meine Eltern wollten immer, daß ich ‹der Grieche› genannt werde. Meinst du, daß du mit Jake ein Treffen zum Mittagessen arrangieren kannst?» Ich sagte: «Klar, aber wenn er weiß, warum, läßt er sich nicht blicken.» Und Nick sagte: «Versuch's doch, Flo. Es würde mir sehr viel bedeuten.»

Also trafen sich die beiden im Grillroom von Montys Steakhaus, wo keine Frauen reindurften, aber ich kam da rein, weil Monty 'n dicker Freund von mir war und mich weder als männlich noch als weiblich ansah, sondern, wie er wörtlich sagte, «als undefinierbares Protoplasma». Wir bestellten die Spezialität des Hauses, Rippchen, die Monty so zubereitete, daß sie wie Menschenfinger schmeckten. Schließlich sagte Nick: «Jake, ich würde gerne ‹der Grieche› heißen.» Und Jake wurde blaß und sagte: «Sieh mal, Nick, wenn's das ist, weshalb du mich hergeholt hast —» Na schön, Jungs, es wurde ziemlich unangenehm. Die beiden gerieten sich in die Haare. Da sagte Nick: «Ich werd dir sagen, was wir machen. Wir heben jeder 'ne Karte ab. Wer die höchste zieht, heißt ‹der Grieche›.»

«Aber was ist, wenn ich gewinne?» sagte Jake, «ich heiße doch schon ‹der Grieche›.»

«Wenn du gewinnst, kannst du das Telefonbuch durchgehen und dir jeden Namen aussuchen, der dir gefällt. Viel Glück!»

«Kein Bluff?»

«Flo ist Zeuge.»

Also, man konnte die Spannung im Saal spüren. Ein Stapel Karten wurde gebracht, und sie hoben ab, Nick zog 'ne Königin, und Jake zitterte die Hand. Dann zog Jake ein As! Alle schrien hurra, und Jake ging das Telefonbuch durch und suchte sich den Namen Grover Lembeck aus. Alle waren glücklich, und von dem Tag an durften Frauen bei Monty rein, vorausgesetzt, sie konnten Hieroglyphen lesen.

Ich erinnere mich, es gab mal im Wintergarten eine große Musical-Revue, «Sternglitzerndes Geschmeiß». Jolson war der Hauptdarsteller, aber er hörte auf, weil sie wollten, daß er ein Lied sang, das «Kasha für zwei» hieß, und er haßte es. Darin kam die Zeile vor: «Liebe ist mein Ideal, wie das Pferd im Pferdestall.» Na ja, schließlich wurde es von einem jungen unbekannten Sänger namens Felix Brompton gesungen, der später in seinem Hotelzimmer mit 'ner daumengroßen Anziehpuppe von Helen Morgan verhaftet wurde. Es stand in allen Zeitungen. Also, Jolson kommt eines Abends mit Eddie Cantor ins «Drei Zweier» und sagt zu mir: «Flo, ich höre, George Raft hat letzte Woche hier seinen Stepabend gegeben.» Und ich sagte: «Nein, Al. George ist nie hier gewesen.» Und er sagte: «Wenn du ihn steppen läßt, möchte ich singen.» Und ich sagte: «Al, er war nie hier.» Und Al sagte: «Hatte er Klavierbegleitung?» Und ich sagte: «Al, wenn du einen einzigen Ton singst, schmeiß ich dich eigenhändig raus.» Und damit ließ sich Jolie auf ein Knie nieder und legte los mit: «Tuut-Tuut-Tuutsie.» Während er sang, verkaufte ich das Lokal, und als er fertig war, war es schon der Waschsalon «Wing Ho». Jolson kam nie drüber weg oder vergaß es mir. Als er rausging, fiel er über einen Stapel Hemden.

# Slang Origins *

How many of you have ever wondered where certain slang expressions come from? Like «She's the cat's pajamas», or to «take it on the lam». Neither have I. And yet for those who are interested in this sort of thing I have provided a brief guide to a few of the more interesting origins.

Unfortunately, time did not permit consulting any of the established works on the subject, and I was forced to either obtain the information from friends or fill in certain gaps by using my own common sense.

Take, for instance, the expression «to eat humble pie». During the reign of Louis the Fat, the culinary arts flourished in France to a degree unequaled anywhere. So obese was the French monarch that he had to be lowered onto the throne with a winch and packed into the seat itself with a large spatula. A typical dinner (according to DeRochet) consisted of a thin crêpe appetizer, some parsley, an ox, and custard. Food became the court obsession, and no other subject could be discussed under penalty of death. Members of a decadent aristocracy consumed incredible meals and even dressed as foods. DeRochet tells us that M. Monsant showed up at the coronation as a weiner, and Etienne Tisserant received papal dispensation to wed his favorite codfish. Desserts grew more and more elaborate and pies grew larger and larger until the minister of justice suffocated trying to eat a seven-foot «Jumbo Pie». *Jumbo* pie soon became *jumble* pie and «to eat a jumble pie» referred to any kind of humiliating act. When the Spanish seamen heard the word *jumble*, they pronounced it «humble», although many preferred to say nothing and simply grin.

Now, while «humble pie» goes back to the French, «take it on the lam» is English in origin. Years ago, in England, «lamming» was a game played with dice and a large tube of ointment. Each player in turn threw dice and then skipped around the room until

---

* Die einzige Geschichte in diesem Buch, die Woody Allen auf deutsch geschrieben hat. Der Übersetzer hat sie mühevoll ins Amerikanische übertragen, damit auch Woody über sie lachen kann.

(A. d. Ü.)

he hemmorrhaged. If a person threw seven or under he would say the word «quintz» and proceed to twirl in a frenzy. If he threw over seven, he was forced to give every player a portion of his feathers and was given a good «lamming». Three «lammings» and a player was «kwirled» or declared a moral bankrupt. Gradually any game with feathers was called «lamming» and feathers became «lams». To «take it on the lam» meant to put on feathers and later, to escape, although the transition is unclear.

Incidentally, if two of the players disagreed on the rules, we might say they «got into a beef». This term goes back to the Renaissance when a man would court a woman by stroking the side of her head with a slab of meat. If she pulled away, it meant she was spoken for. If, however, she assisted by clamping the meat to her face and pushing it all over her head, it meant she would marry him. The meat was kept by the bride's parents and worn as a hat on special occasions. If, however, the husband took another lover, the wife could dissolve the marriage by running with the meat to the town square and yelling: «With thine own beef, I do reject thee. Aroo! Aroo!» If a couple «took to the beef» or «had a beef» it meant they were quarreling.

Another marital custom gives us that eloquent and colorful expression of disdain, «to look down one's nose». In Persia it was considered a mark of great beauty for a woman to have a long nose. In fact, the longer the nose, the more desirable the female, up to a certain point. Then it became funny. When a man proposed to a beautiful woman he awaited her decision on bended knee as she «looked down her nose at him». If her nostrils twitched, he was accepted, but if she sharpened her nose with pumice and began pecking him on the neck and shoulders, it meant she loved another.

Now, we all know when someone is very dressed up, we say he looks «spiffy». The term owes its origin to Sir Oswald Spiffy, perhaps the most renowned fop of Victorian England. Heir to treacle millions, Spiffy squandered his money on clothes. It was said that at one time he owned enough handkerchiefs for all the men, women and children in Asia to blow their noses for seven years without stopping. Spiffy's sartorial innovations were legend, and he was the first man ever to wear gloves on his head.

Because of extra-sensitive skin, Spiffy's underwear had to be made of the finest Nova Scotia salmon, carefully sliced by one particular tailor. His libertine attitudes involved him in several notorious scandals, and he eventually sued the government over the right to wear earmuffs while fondling a dwarf. In the end, Spiffy died a broken man in Chichester, his total wardrobe reduced to kneepads and a sombrero.

Looking «spiffy», then, is quite a compliment, and one who does is liable to be dressed «to beat the band», a turn-of-the-century expression that originated from the custom of attacking with clubs any symphony orchestra whose conductor smiled during Berlioz. «Beating the band» soon became a popular evening out, and people dressed up in their finest clothes, carrying with them sticks and rocks. The practice was finally abandoned during a performance of the *Symphonie fantastique* in New York when the entire string section suddenly stopped playing and exchanged gunfire with the first ten rows. Police ended the melee but not before a relative of J. P. Morgan's was wounded in the soft palate. After that, for a while at least, nobody dressed «to beat the band».

If you think some of the above derivations questionable, you might throw up your hands and say, «Fiddlesticks». This marvelous expression originated in Austria many years ago. Whenever a man in the banking profession announced his marriage to a circus pinhead, it was the custom for friends to present him with a bellows and a three-year supply of wax fruit. Legend has it that when Leo Rothschild made known his betrothal, a box of cello bows was delivered to him by mistake. When it was opened and found not to contain the traditional gift, he exclaimed: «What are these? Where are my bellows and fruit? Eh? All I rate is fiddlesticks!» The term «fiddlesticks» became a joke overnight in the taverns amongst the lower classes, who hated Leo Rothschild for never removing the comb from his hair after combing it. Eventually «fiddlesticks» meant any foolishness.

Well, I hope you've enjoyed some of these slang origins and that they stimulate you to investigate some on your own. And in case you were wondering about the term used to open this study, «the cat's pajamas», it goes back to an old burlesque routine of

Chase and Rowe's, the two nutsy German professors. Dressed in oversized tails, Bill Rowe stole some poor victim's pajamas. Dave Chase, who got great mileage out of his «hard of hearing» specialty, would ask him:

CHASE: Ach, Herr Professor. Vot is dot bulge under your pocket?

ROWE: Dot? Dot's de chap's pajamas.

CHASE: The cat's pajamas? Ut mein Gott?

Audiences were convulsed by this sort of repartee and only a premature death of the team by strangulation kept them from stardom.

Woody Allens fröhlich-melancholischen
Kino-Hits wie «Manhattan» und
«Stardust Memories» folgen die litera-
rischen Lacherfolge.
«Mag Woody Allen Filme drehen, wie
immer er will, als Schriftsteller wird er
von Buch zu Buch besser»
(Der Tagesspiegel)

# Woody Allen

**Wie du dir, so ich mir**
rororo 4574

**Ohne Leit kein Freud**
«Without Feathers»
rororo 4746

**Nebenwirkungen**
rororo 5065

C 2101/2

**Malcolm Lowry**

C 2147/3

# Jack Kerouac

ro
ro
ro

C 702/8